LE
ROUGE ET LE NOIR

PAR

M. DE STENDHAL

(HENRI BEYLE)

TOME DEUXIÈME

PARIS
LIBRAIRIE L. CONQUET
5, RUE DROUOT, 5

1884

LE

ROUGE ET LE NOIR

TOME DEUXIÈME

Le texte a été imprimé par A. LAHURE
et les gravures par C. CHARDON

LE
ROUGE ET LE NOIR

PAR

M. DE STENDHAL
(HENRI BEYLE)

Réimpression textuelle de l'édition originale

ILLUSTRÉE DE 80 EAUX-FORTES
Par **H. DUBOUCHET**

PRÉFACE DE LÉON CHAPRON

TOME DEUXIÈME

PARIS
LIBRAIRIE L. CONQUET
5, RUE DROUOT, 5

1884

CHAPITRE XXIV

UNE CAPITALE

> Que de bruit, que de gens affairés!
> que d'idées pour l'avenir dans une tête
> de vingt ans! quelle distraction pour
> l'amour!
> BARNAVE.

XXIV

Enfin il aperçut, sur une montagne lointaine, des murs noirs; c'était la citadelle de Besançon. Quelle différence pour moi, dit-il en soupirant, si j'arrivais dans cette noble ville de guerre pour être sous-lieutenant dans un des régimens chargés de la défendre!.

Besançon n'est pas seulement une des plus jolies villes de France, elle abonde en gens de cœur et d'esprit. Mais Julien n'était qu'un petit paysan et n'eut aucun moyen d'approcher les hommes distingués.

Il avait pris chez Fouqué un habit bourgeois, et c'est dans ce costume qu'il passa les ponts-levis. Plein de l'histoire du siége de 1674, il voulut voir, avant de s'enfermer au séminaire, les remparts et la citadelle. Deux ou trois fois il fut sur le point de se faire arrêter par les sentinelles; il pénétrait dans des endroits que le génie militaire interdit au public, afin de vendre pour douze ou quinze francs de foin tous les ans.

La hauteur des murs, la profondeur des fossés, l'air terrible des canons, l'avaient occupé pendant plusieurs heures, lorsqu'il passa devant le grand café sur le boulevard. Il resta immobile d'admiration; il avait beau lire le mot « café », écrit en gros caractères au-dessus des deux immenses portes, il ne pouvait en croire ses yeux. Il fit effort sur sa timidité; il osa entrer, et se trouva dans une salle longue de trente ou quarante pas, et dont le plafond est élevé de vingt pieds au moins. Ce jour-là, tout était enchantement pour lui.

Deux parties de billard étaient en train. Les garçons criaient les points; les joueurs couraient autour des billards encombrés de spectateurs. Des flots de fumée de tabac, s'élançant de la bouche de tous, les enveloppaient d'un nuage bleu. La haute stature de ces hommes, leurs épaules arrondies, leur démarche lourde, leurs énormes favoris, les longues redingotes qui les couvraient, tout attirait l'attention de Julien. Ces nobles enfans de l'antique Bisontium ne parlaient qu'en criant; ils se donnaient les airs de guerriers terribles. Julien admirait immobile; il songeait à l'immensité et à la magnificence d'une grande capitale telle que Besançon. Il ne se sentait nullement le courage de demander une tasse de café à un de ces messieurs au regard hautain, qui criaient les points du billard.

Mais la demoiselle du comptoir avait remarqué la charmante figure de ce jeune bourgeois de campagne, qui, arrêté à trois pas du poêle, et son petit paquet sous le bras, considérait le buste du roi, en beau plâtre blanc. Cette demoiselle, grande Franc-Comtoise, fort bien faite, et mise comme il le faut pour faire valoir un café, avait déjà dit deux fois, d'une petite voix qui cherchait à n'être entendue que de Julien : Monsieur! monsieur! Julien rencontra de grands yeux bleus fort tendres, et vit que c'était à lui qu'on parlait.

Il s'approcha vivement du comptoir et de la jolie fille, comme il eût marché à l'ennemi. Dans ce grand mouvement, son paquet tomba.

Quelle pitié notre provincial ne va-t-il pas inspirer aux jeunes lycéens de Paris, qui, à quinze ans, savent déjà entrer dans un café d'un air si distingué! Mais ces enfans, si bien stylés à quinze ans, à dix-huit ans tournent *au commun*. La timidité passionnée que l'on rencontre en province se surmonte quelquefois, et alors elle enseigne à vouloir. En s'approchant de cette jeune fille si belle, qui daignait lui adresser la parole : Il faut que je lui dise la vérité, pensa Julien, qui devenait courageux à force de timidité vaincue.

— Madame, je viens pour la première fois de ma vie à Besançon ; je voudrais bien avoir, en payant, un pain et une tasse de café.

La demoiselle sourit un peu et puis rougit ; elle craignait, pour ce joli jeune homme, l'attention ironique et les plaisanteries des joueurs de billard. Il serait effrayé et ne reparaîtrait plus.

— Placez-vous ici près de moi, dit-elle en lui montrant une table de marbre, presque tout à fait cachée par l'énorme comptoir d'acajou qui s'avance dans la salle.

La demoiselle se pencha en dehors du comptoir, ce qui lui donna l'occasion de déployer une taille superbe. Julien la remarqua ; toutes ses idées changèrent. La belle demoiselle venait de placer devant lui une tasse, du sucre et un petit pain. Elle hésitait à appeler un garçon pour avoir du café, comprenant bien qu'à l'arrivée de ce garçon, son tête-à-tête avec Julien allait finir.

Julien, pensif, comparait cette beauté blonde et gaie à certains souvenirs qui l'agitaient souvent. L'idée de la passion dont il avait été l'objet lui ôta presque toute sa timidité. La belle demoiselle n'avait qu'un instant; elle lut dans les regards de Julien.

— Cette fumée de pipe vous fait tousser, venez déjeuner demain avant huit heures du matin; alors, je suis presque seule.

— Quel est votre nom? dit Julien, avec le sourire caressant de la timidité heureuse.

— Amanda Binet.

— Permettez-vous que je vous envoie, dans une heure, un petit paquet gros comme celui-ci?

La belle Amanda réfléchit un peu.

— Je suis surveillée : ce que vous me demandez peut me compromettre; cependant je m'en vais écrire mon adresse sur une carte, que vous placerez sur votre paquet. Envoyez-le-moi hardiment.

— Je m'appelle Julien Sorel, dit le jeune homme; je n'ai ni parens, ni connaissance à Besançon.

— Ah je comprends, dit-elle avec joie, vous venez pour l'école de droit?

— Hélas! non, répondit Julien; on m'envoie au séminaire.

Le découragement le plus complet éteignit les traits d'Amanda; elle appela un garçon, elle avait du courage maintenant. Le garçon versa du café à Julien, sans le regarder.

Amanda recevait de l'argent au comptoir; Julien était fier d'avoir osé parler : on se disputa à l'un des billards. Les cris et les démentis des joueurs, retentissant dans cette salle immense, faisaient un tapage qui étonnait Julien. Amanda était rêveuse et baissait les yeux.

— Si vous voulez, mademoiselle, lui dit-il tout à coup avec assurance, je dirai que je suis votre cousin?

Ce petit air d'autorité plut à Amanda. Ce n'est pas un jeune homme de rien, pensa-t-elle. Elle lui dit fort vite, sans le regarder, car son œil était occupé à voir si quelqu'un s'approchait du comptoir :

— Moi, je suis de Genlis, près de Dijon; dites que vous êtes aussi de Genlis, et cousin de ma mère.

— Je n'y manquerai pas.

— Tous les jeudis à cinq heures, en été, MM. les séminaristes passent ici devant le café.

— Si vous pensez à moi, quand je passerai, ayez un bouquet de violettes à la main.

Amanda le regarda d'un air étonné; ce regard changea le courage de Julien en témérité; cependant il rougit beaucoup en lui disant :

— Je sens que je vous aime de l'amour le plus violent.

— Parlez donc plus bas! lui dit-elle d'un air effrayé.

Julien songeait à se rappeler les phrases d'un volume dépareillé de la Nouvelle Héloïse, qu'il avait trouvé à Vergy. Sa mémoire le servit bien ; depuis dix minutes, il récitait la Nouvelle Héloïse à mademoiselle Amanda, ravie ; il était heureux de sa bravoure, quand tout à coup la belle Franc-Comtoise prit un air glacial. Un de ses amans paraissait à la porte du café.

Il s'approcha du comptoir, en sifflant et marchant des épaules ; il regarda Julien. A l'instant l'imagination de celui-ci, toujours dans les extrêmes, ne fut remplie que d'idées de duel. Il pâlit beaucoup, éloigna sa tasse, prit une mine assurée, et regarda son rival fort attentivement. Comme ce rival baissait la tête en se versant familièrement un verre d'eau-de-vie sur le comptoir, d'un regard Amanda ordonna à Julien de baisser les yeux. Il obéit, et, pendant deux minutes, se tint immobile à sa place, pâle, résolu et ne songeant qu'à ce qui allait arriver ; il était vraiment bien en cet instant. Le rival avait été étonné des yeux de Julien ; son verre d'eau-de-vie avalé d'un trait, il dit un mot à Amanda, plaça ses deux mains dans les poches latérales de sa grosse redingote, et s'approcha d'un billard en soufflant et regardant Julien. Celui-ci se leva transporté de colère ; mais il ne savait comment s'y prendre pour être insolent. Il posa son petit paquet, et, de l'air le plus dandinant qu'il put, marcha vers le billard.

En vain la prudence lui disait : Mais avec un

duel dès l'arrivée à Besançon, la carrière ecclésiastique est perdue.

— Qu'importe, il ne sera pas dit que je manque un insolent.

Amanda vit son courage; il faisait un joli contraste avec la naïveté de ses manières; en un instant elle le préféra au grand jeune homme en redingote. Elle se leva, et, tout en ayant l'air de suivre de l'œil quelqu'un qui passait dans la rue, elle vint se placer rapidement entre lui et le billard :

— Gardez-vous de regarder de travers ce monsieur, c'est mon beau-frère.

— Que m'importe? il m'a regardé.

— Voulez-vous me rendre malheureuse? Sans doute il vous a regardé, peut-être même il va venir vous parler. Je lui ai dit que vous êtes un parent de ma mère, et que vous arrivez de Genlis. Lui est Franc-Comtois et n'a jamais dépassé Dôle, sur la route de la Bourgogne; ainsi dites ce que vous voudrez, ne craignez rien.

Julien hésitait encore; elle ajouta bien vite, son imagination de dame de comptoir lui fournissant des mensonges en abondance :

— Sans doute il vous a regardé, mais c'est au moment où il me demandait qui vous êtes; c'est un homme qui est *manant* avec tout le monde : il n'a pas voulu vous insulter.

L'œil de Julien suivait le prétendu beau-frère;

il le vit acheter un numéro à la poule que l'on jouait au plus éloigné des deux billards. Julien entendit sa grosse voix qui criait d'un ton menaçant : *Je prends à faire.* Il passa vivement derrière mademoiselle Amanda, et fit un pas vers le billard. Amanda le saisit par le bras :

— Venez me payer d'abord, lui dit-elle.

C'est juste, pensa Julien ; elle a peur que je ne sorte sans payer. Amanda était aussi agitée que lui et fort rouge ; elle lui rendit de la monnaie le plus lentement qu'elle put, tout en lui répétant à voix basse :

— Sortez à l'instant du café, ou je ne vous aime plus ; et cependant je vous aime bien.

Julien sortit en effet, mais lentement. N'est-il pas de mon devoir, se répétait-il, d'aller regarder à mon tour en soufflant ce grossier personnage? Cette incertitude le retint une heure sur le boulevard devant le café ; il regardait si son homme sortait. Il ne parut pas, et Julien s'éloigna.

Il n'était à Besançon que depuis quelques heures, et déjà il avait conquis un remords. Le vieux chirurgien-major lui avait donné autrefois, malgré sa goutte, quelques leçons d'escrime ; telle était toute la science que Julien trouvait au service de sa colère. Mais cet embarras n'eût rien été s'il eût su comment se fâcher autrement qu'en donnant un soufflet ; et, si l'on en venait aux coups de poing, son rival, homme énorme, l'eût battu et puis planté là.

Pour un pauvre diable comme moi, se dit Julien, sans protecteurs et sans argent, il n'y aura pas grande différence entre un séminaire et une prison ; il faut que je dépose mes habits bourgeois dans quelque auberge, où je reprendrai mon habit noir. Si jamais je parviens à sortir du séminaire pour quelques heures, je pourrai fort bien avec mes habits bourgeois revoir mademoiselle Amanda. Ce raisonnement était beau ; mais Julien, passant devant toutes les auberges, n'osait entrer dans aucune.

Enfin, comme il repassait devant l'hôtel des Ambassadeurs, ses yeux inquiets rencontrèrent ceux d'une grosse femme, encore assez jeune, haute en couleur, à l'air heureux et gai. Il s'approcha d'elle et lui raconta son histoire.

— Certainement, mon joli petit abbé, lui dit l'hôtesse des Ambassadeurs, je vous garderai vos habits bourgeois et même les ferai épousseter souvent. De ce temps-ci, il ne fait pas bon laisser un habit de drap sans le toucher. Elle prit une clef et le conduisit elle-même dans une chambre en lui recommandant d'écrire la note de ce qu'il laissait.

— Bon Dieu ! que vous avez bonne mine comme ça, monsieur l'abbé Sorel ! lui dit la grosse femme, quand il descendit à la cuisine ; je m'en vais vous faire servir un bon dîner; et, ajouta-t-elle à voix basse, il ne vous coûtera que vingt sols au lieu de cinquante que tout le monde paye; car il faut bien ménager votre petit *boursicot*.

— J'ai dix louis, répliqua Julien, avec une certaine fierté.

— Ah! bon Dieu! répondit la bonne hôtesse alarmée, ne parlez pas si haut; il y a bien des mauvais sujets dans Besançon. On vous volera cela en moins de rien. Surtout n'entrez jamais dans les cafés, ils sont remplis de mauvais sujets.

— Vraiment! dit Julien, à qui ce mot donnait à penser.

— Ne venez jamais que chez moi, je vous ferai faire du café. Rappelez-vous que vous trouverez toujours ici une amie et un bon dîner à vingt sols; c'est parler ça, j'espère. Allez vous mettre à table, je vais vous servir moi-même.

— Je ne saurais manger, lui dit Julien, je suis trop ému; je vais entrer au séminaire en sortant de chez vous. La bonne femme ne le laissa partir qu'après avoir empli ses poches de provisions. Enfin Julien s'achemina vers le lieu terrible; l'hôtesse, de dessus sa porte, lui en indiquait la route.

CHAPITRE XXV

LE SÉMINAIRE

> Trois cent trente-six dîners à
> 83 centimes, trois cent trente-six
> soupers à 38 centimes; du cho-
> colat à qui de droit; combien y
> a-t-il à gagner sur la soumis-
> sion ?
>
> Le Valenod de Besançon.

XXV

Il vit de loin la croix de fer doré sur la porte; il approcha lentement; ses jambes semblaient se dérober sous lui. Voilà donc cet enfer sur la terre, dont je ne pourrai sortir! Enfin il se décida à sonner. Le bruit de la cloche retentit comme dans un lieu solitaire. Au bout de dix minutes, un homme pâle, vêtu de noir, vint lui ouvrir. Julien le regarda et aussitôt baissa les yeux. Ce portier avait une physionomie singulière. La pupille saillante et verte de ses yeux s'arrondissait comme celle d'un chat; les contours immobiles de ses paupières annonçaient l'impossibilité de toute sympathie; ses lèvres minces se développaient en demi-cercle sur des dents qui avançaient. Cependant cette physionomie ne montrait pas le crime, mais plutôt cette insensibilité parfaite qui inspire bien plus de terreur à la jeunesse. Le seul sentiment que le regard rapide de Julien pût deviner sur cette longue figure dévote fut un mépris profond pour tout ce dont on voudrait lui parler, et qui ne serait pas l'intérêt du ciel.

Julien releva les yeux avec effort, et d'une voix que le battement de cœur rendait tremblante, il expliqua qu'il désirait parler à M. Pirard, le directeur du séminaire. Sans dire une parole, l'homme noir lui fit signe de le suivre. Ils montèrent deux étages par un large escalier à rampe de bois, dont les marches déjetées penchaient tout à fait du côté opposé au mur, et semblaient prêtes à tomber. Une petite porte, surmontée d'une grande croix de cimetière en bois blanc peint en noir, fut ouverte avec difficulté, et le portier le fit entrer dans une chambre sombre et basse, dont les murs blanchis à la chaux étaient garnis de deux grands tableaux noircis par le temps. Là, Julien fut laissé seul; il était atterré, son cœur battait violemment; il eût été heureux d'oser pleurer. Un silence de mort régnait dans toute la maison.

Au bout d'un quart d'heure, qui lui parut une

journée, le portier à figure sinistre reparut sur le pas d'une porte à l'autre extrémité de la chambre, et, sans daigner parler, lui fit signe d'avancer. Il entra dans une pièce encore plus grande que la première et fort mal éclairée. Les murs aussi étaient blanchis; mais il n'y avait pas de meubles. Seulement dans un coin près de la porte, Julien vit en passant un lit de bois blanc, deux chaises de paille, et un petit fauteuil en planches de sapin sans coussin. A l'autre extrémité de la chambre, près d'une petite fenêtre à vitres jaunies garnie de vases de fleurs tenus salement, il aperçut un homme assis devant une table, et couvert d'une soutane délabrée; il avait l'air en colère, et prenait l'un après l'autre une foule de petits carrés de papier qu'il rangeait sur sa table, après y avoir écrit quelques mots. Il ne s'apercevait pas de la présence de Julien. Celui-ci était immobile, debout vers le milieu de la chambre, là où l'avait laissé le portier, qui était ressorti en fermant la porte.

Dix minutes se passèrent ainsi; l'homme mal vêtu écrivait toujours. L'émotion et la terreur de Julien étaient telles qu'il lui semblait être sur le point de tomber. Un philosophe eût dit, peut-être en se trompant : C'est la violente impression du laid sur une âme faite pour aimer ce qui est beau.

L'homme qui écrivait leva la tête; Julien ne s'en aperçut qu'au bout d'un moment, et même, après l'avoir vu, il restait encore immobile comme frappé à mort par le regard terrible dont il était l'objet. Les yeux troublés de Julien distinguaient à peine une figure longue et toute couverte de taches rouges, excepté sur le front, qui laissait voir une pâleur mortelle. Entre ces joues rouges et ce front blanc, brillaient deux petits yeux noirs faits pour effrayer le plus brave. Les vastes contours de ce front étaient marqués par des cheveux épais, plats et d'un noir de jais.

— Voulez-vous approcher, oui ou non? dit enfin cet homme avec impatience.

Julien s'avança d'un pas mal assuré, et enfin, prêt à tomber et pâle, comme de sa vie il ne l'avait été, il s'arrêta à trois pas de la petite table de bois blanc couverte de carrés de papier.

— Plus près, dit l'homme.

Julien s'avança encore en étendant la main, comme cherchant à s'appuyer sur quelque chose.

— Votre nom?

— Julien Sorel.

— Vous avez bien tardé, lui dit-on, en attachant de nouveau sur lui un œil terrible.

Julien ne put supporter ce regard; étendant la main comme pour se soutenir, il tomba tout de son long sur le plancher.

L'homme sonna. Julien n'avait perdu que l'usage des yeux et la force de se mouvoir; il entendit des pas qui s'approchaient.

On le releva, on le plaça sur le petit fauteuil

de bois blanc. Il entendit l'homme terrible qui disait au portier :

— Il tombe du haut mal apparemment, il ne manquait plus que ça.

Quand Julien put ouvrir les yeux, l'homme à la figure rouge continuait à écrire; le portier avait disparu. Il faut avoir du courage, se dit notre héros, et surtout cacher ce que je sens. Il éprouvait un violent mal de cœur. S'il m'arrive un accident, Dieu sait ce qu'on pensera de moi. Enfin l'homme cessa d'écrire, et regardant Julien de côté :

— Êtes-vous en état de me répondre?

— Oui, monsieur, dit Julien, d'une voix affaiblie.

— Ah! c'est heureux.

L'homme noir s'était levé à demi et cherchait avec impatience une lettre dans le tiroir de sa table de sapin qui s'ouvrit en criant. Il la trouva, s'assit lentement, et regardant de nouveau Julien, d'un air à lui arracher le peu de vie qui lui restait :

— Vous m'êtes recommandé par M. Chélan, c'était le meilleur curé du diocèse, homme vertueux s'il en fut, et mon ami depuis trente ans.

— Ah! c'est à M. Pirard que j'ai l'honneur de parler, dit Julien d'une voix mourante.

— Apparemment, répliqua le directeur du séminaire, en le regardant avec humeur.

Il y eut un redoublement d'éclat dans ses petits yeux, suivi d'un mouvement involontaire des muscles des coins de la bouche. C'était la physionomie du tigre goûtant par avance le plaisir de dévorer sa proie.

La lettre de Chélan est courte, dit-il, comme se parlant à lui-même. *Intelligenti pauca;* par le temps qui court, on ne saurait écrire trop peu. Il lut haut :

« Je vous adresse Julien Sorel, de cette paroisse,
« que j'ai baptisé il y aura bientôt vingt ans ; fils
« d'un charpentier riche, mais qui ne lui donne
« rien. Julien sera un ouvrier remarquable dans
« la vigne du Seigneur. La mémoire, l'intelli-
« gence ne manquent point, il y a de la réflexion.
« Sa vocation sera-t-elle durable? est-elle sin-
« cère? »

— *Sincère!* répéta l'abbé Pirard, d'un air étonné, et en regardant Julien; mais déjà le regard de l'abbé était moins dénué de toute humanité; *sincère!* répéta-t-il en baissant la voix et reprenant sa lecture :

« Je vous demande pour Julien Sorel une bourse;
« il la méritera en subissant les examens néces-
« saires. Je lui ai montré un peu de théologie,
« de cette ancienne et bonne théologie des Bos-
« suet, des Arnault, des Fleury. Si ce sujet ne
« vous convient pas, renvoyez-le-moi; le directeur
« du dépôt de mendicité, que vous connaissez

« bien, lui offre huit cents francs pour être pré-
« cepteur de ses enfans. — Mon intérieur est
« tranquille, grâce à Dieu. Je m'accoutume au
« coup terrible. *Vale et me ama.* »

L'abbé Pirard, ralentissant la voix comme il lisait la signature, prononça avec un soupir le mot *Chélan*.

— Il est tranquille, dit-il; en effet, sa vertu méritait cette récompense; Dieu puisse-t-il me l'accorder, le cas échéant! Il regarda le ciel et fit un signe de croix. A la vue de ce signe sacré, Julien sentit diminuer l'horreur profonde qui, depuis son entrée dans cette maison, l'avait glacé.

— J'ai ici trois cent vingt-un aspirans à l'état le plus saint, dit enfin l'abbé Pirard, d'un ton de voix sévère, mais non méchant; sept ou huit seulement me sont recommandés par des hommes tels que l'abbé Chélan; ainsi parmi les trois cent vingt-un, vous allez être le neuvième. Mais ma protection n'est ni faveur, ni faiblesse, elle est redoublement de soin et de sévérité contre les vices. Allez fermer cette porte à clef.

Julien fit un effort pour marcher et réussit à ne pas tomber. Il remarqua qu'une petite fenêtre, voisine de la porte d'entrée, donnait sur la campagne. Il regarda les arbres; cette vue lui fit du bien, comme s'il eût aperçu d'anciens amis.

— *Loquerisne linguam latinam* (Parlez-vous latin)? lui dit l'abbé Pirard, comme il revenait.

— *Itá, pater optime* (Oui, mon excellent père), répondit Julien, revenant un peu à lui. Certainement jamais homme au monde ne lui avait paru moins excellent que M. Pirard, depuis une demi-heure.

L'entretien continua en latin. L'expression des yeux de l'abbé s'adoucissait; Julien reprenait quelque sang-froid. Que je suis faible, pensa-t-il, de m'en laisser imposer par ces apparences de vertu! cet homme sera tout simplement un fripon comme M. Maslon; et Julien s'applaudit d'avoir caché presque tout son argent dans ses bottes.

L'abbé Pirard examina Julien sur la théologie; il fut surpris de l'étendue de son savoir. Son étonnement augmenta quand il l'interrogea en particulier sur les saintes écritures. Mais quand il arriva aux questions sur la doctrine des Pères, il s'aperçut que Julien ignorait presque jusqu'aux noms de saint Jérôme, de saint Augustin, de saint Bonaventure, de saint Basile, etc., etc.

Au fait, pensa l'abbé Pirard, voilà bien cette tendance fatale au protestantisme que j'ai toujours reprochée à Chélan. Une connaissance approfondie et trop approfondie des saintes écritures.

(Julien venait de lui parler, sans être interrogé à ce sujet, du temps *véritable* où avaient été écrits la Genèse, le Pentateuque, etc.)

A quoi mène ce raisonnement infini sur les saintes écritures, pensa l'abbé Pirard, si ce n'est à *l'examen personnel*, c'est-à-dire au plus affreux protestantisme? Et à côté de cette science imprudente, rien sur les Pères qui puisse compenser cette tendance.

Mais l'étonnement du directeur du séminaire n'eut plus de bornes, lorsque interrogeant Julien sur l'autorité du Pape, et s'attendant aux maximes de l'ancienne Église gallicane, le jeune homme lui récita tout le livre de M. de Maistre.

Singulier homme que ce Chélan, pensa l'abbé Pirard; lui a-t-il montré ce livre pour lui apprendre à s'en moquer?

Ce fut en vain qu'il interrogea Julien pour tâcher de deviner s'il croyait sérieusement à la doctrine de M. de Maistre. Le jeune homme ne répondait qu'avec sa mémoire. De ce moment, Julien fut réellement très bien, il sentait qu'il était maître de soi. Après un examen fort long, il lui sembla que la sévérité de M. Pirard envers lui n'était plus qu'affectée. En effet, sans les principes de gravité austère que, depuis quinze ans, il s'était imposés envers ses élèves en théologie, le directeur du séminaire eût embrassé Julien au nom de la logique, tant il trouvait de clarté, de précision et de netteté dans ses réponses.

Voilà un esprit hardi et sain, se disait-il, mais *corpus debile* (le corps est faible).

— Tombez-vous souvent ainsi? dit-il à Julien en français et lui montrant du doigt le plancher.

— C'est la première fois de ma vie, la figure du portier m'avait glacé, ajouta Julien en rougissant comme un enfant.

L'abbé Pirard sourit presque.

— Voilà l'effet des vaines pompes du monde; vous êtes accoutumé apparemment à des visages rians, véritables théâtres de mensonge. La vérité est austère, monsieur. Mais notre tâche ici-bas n'est-elle pas austère aussi? Il faudra veiller à ce que votre conscience se tienne en garde contre cette faiblesse : *Trop de sensibilité aux vaines grâces de l'extérieur.*

Si vous ne m'étiez pas recommandé, dit l'abbé Pirard en reprenant la langue latine avec un plaisir marqué, si vous ne m'étiez pas recommandé par un homme tel que l'abbé Chélan, je vous parlerais le vain langage de ce monde auquel il paraît que vous êtes trop accoutumé. La bourse entière que vous sollicitez, vous dirais-je, est la chose du monde la plus difficile à obtenir. Mais l'abbé Chélan a mérité bien peu, par cinquante-six ans de travaux apostoliques, s'il ne peut disposer d'une bourse au séminaire.

Après ces mots, l'abbé Pirard recommanda à Julien de n'entrer dans aucune société ou congrégation secrète sans son consentement.

— Je vous en donne ma parole d'honneur, dit Julien avec l'épanouissement de cœur d'un honnête homme.

Le directeur du séminaire sourit pour la première fois.

— Ce mot n'est point de mise ici, lui dit-il, il rappelle trop le vain honneur des gens du monde qui les conduit à tant de fautes, et souvent à des crimes. Vous me devez la sainte obéissance en vertu du paragraphe dix-sept de la bulle *Unam Ecclesiam* de saint Pie V. Je suis votre supérieur ecclésiastique. Dans cette maison, entendre, mon très-cher fils, c'est obéir. Combien avez-vous d'argent?

Nous y voici, se dit Julien, c'était pour cela qu'était le « très cher fils ».

— Trente-cinq francs, mon père.

— Écrivez soigneusement l'emploi de cet argent; vous aurez à m'en rendre compte.

Cette pénible séance avait duré trois heures. Julien appela le portier.

— Allez installer Julien Sorel dans la cellule n° 103, dit l'abbé Pirard à cet homme.

Par une grande distinction, il accordait à Julien un logement séparé.

— Portez-y sa malle, ajouta-t-il.

Julien baissa les yeux et reconnut sa malle précisément en face de lui; il la regardait depuis trois heures, et ne l'avait pas reconnue.

En arrivant au n° 103, c'était une petite chambrette de huit pieds en carré, au dernier étage de la maison, Julien remarqua qu'elle donnait sur les remparts, et par delà on apercevait la jolie plaine que le Doubs sépare de la ville.

Quelle vue charmante! s'écria Julien; en se parlant ainsi il ne sentait pas ce qu'exprimaient ces mots. Les sensations si violentes qu'il avait éprouvées depuis le peu de temps qu'il était à Besançon, avaient entièrement épuisé ses forces. Il s'assit près de la fenêtre sur l'unique chaise de bois qui fût dans sa cellule, et tomba aussitôt dans un profond sommeil. Il n'entendit point la cloche du souper, ni celle du Salut : on l'avait oublié.

Quand les premiers rayons du soleil le réveillèrent le lendemain matin, il se trouva couché sur le plancher.

CHAPITRE XXVI

LE MONDE, OU CE QUI MANQUE AU RICHE

> Je suis seul sur la terre, personne ne daigne penser à moi. Tous ceux que je vois faire fortune ont une effronterie et une dureté de cœur que je ne me sens point. Ils me haïssent à cause de ma bonté facile. Ah! bientôt je mourrai, soit de faim, soit du malheur de voir les hommes si durs.
>
> Young.

XXVI

Il se hâta de brosser son habit et de descendre, il était en retard. Un sous-maître le gronda sévèrement; au lieu de chercher à se justifier, Julien croisa les bras sur sa poitrine :

— *Peccavi, pater optime* (j'ai péché, j'avoue ma faute, ô mon père), dit-il d'un air contrit.

Ce début eut un grand succès. Les gens adroits parmi les séminaristes virent qu'ils avaient affaire à un homme qui n'en était pas aux élémens du métier. L'heure de la récréation arriva, Julien se vit l'objet de la curiosité générale. Mais on ne trouva chez lui que réserve et silence. Suivant les maximes qu'il s'était faites, il considéra ses trois cent vingt et un camarades comme des ennemis; le plus dangereux de tous à ses yeux était l'abbé Pirard.

Peu de jours après, Julien eut à choisir un confesseur; on lui présenta une liste.

Eh! bon Dieu! pour qui me prend-on, se dit-il, croit-on que je ne comprenne pas *ce que parler veut dire?* et il choisit l'abbé Pirard.

Sans qu'il s'en doutât, cette démarche était décisive. Un petit séminariste tout jeune, natif de Verrières, et qui, dès le premier jour, s'était déclaré son ami, lui apprit que s'il eût choisi M. Castanède, le sous-directeur du séminaire, il eût peut-être agi avec plus de prudence.

— L'abbé Castanède est l'ennemi de M. Pirard, qu'on soupçonne de jansénisme, ajouta le petit séminariste en se penchant vers son oreille.

Toutes les premières démarches de notre héros qui se croyait si prudent furent, comme le choix d'un confesseur, des étourderies. Égaré par toute la présomption d'un homme à imagination, il prenait ses intentions pour des faits et se croyait un hypocrite consommé. Sa folie allait jusqu'à se reprocher ses succès dans cet art de la faiblesse.

Hélas! c'est ma seule arme! à une autre époque, se disait-il, c'est par des actions parlantes en face de l'ennemi que j'aurais *gagné mon pain.*

Julien, satisfait de sa conduite, regardait autour de lui ; il trouvait partout l'apparence de la vertu la plus pure.

Huit ou dix séminaristes vivaient en odeur de sainteté, et avaient des visions comme sainte Thérèse et saint François, lorsqu'il reçut les stigmates sur le mont *Vernia* dans l'Apennin. Mais c'était un grand secret, leurs amis le cachaient. Ces pauvres jeunes gens à visions étaient presque toujours à l'infirmerie. Une centaine d'autres réunissaient à une foi robuste une infatigable application. Ils travaillaient au point de se rendre malades, mais sans apprendre grand'chose. Deux ou trois se distinguaient par un talent réel et, entre autres, un nommé Chazel ; mais Julien se sentait de l'éloignement pour eux et eux pour lui.

Le reste des trois cent vingt et un séminaristes ne se composait que d'êtres grossiers qui n'étaient pas bien sûrs de comprendre les mots latins qu'ils répétaient tout le long de la journée. Presque tous étaient des fils de paysans, et ils aimaient mieux gagner leur pain en récitant quelques mots latins qu'en piochant la terre. C'est d'après cette observation que, dès les premiers jours, Julien se promit de rapides succès. Dans tout service, il faut des gens intelligens, car enfin, il y a un travail à faire, se disait-il. Sous Napoléon, j'eusse été sergent ; parmi ces futurs curés, je serai grand vicaire.

Tous ces pauvres diables, ajoutait-il, manouvriers dès l'enfance, ont vécu, jusqu'à leur arrivée ici, de lait caillé et de pain noir. Dans leurs chaumières, ils ne mangeaient de la viande que cinq ou six fois par an. Semblables aux soldats romains qui trouvaient la guerre un temps de repos, ces grossiers paysans sont enchantés des délices du séminaire.

Julien ne lisait jamais dans leur œil morne que le besoin physique satisfait après le dîner, et le plaisir physique attendu avant le repas. Tels étaient les gens au milieu desquels il fallait se distinguer; mais ce que Julien ne savait pas, ce qu'on se gardait de lui dire, c'est que, être le premier dans les différens cours de dogme, d'histoire ecclésiastique, etc., etc., que l'on suit au séminaire, n'était à leurs yeux qu'un péché *splendide*. Depuis Voltaire, depuis le gouvernement des deux chambres, qui n'est au fond que *méfiance et examen personnel*, et donne à l'esprit des peuples cette mauvaise habitude de *se méfier*, l'Église de France semble avoir compris que les livres sont ses vrais ennemis. C'est la soumission de cœur qui est tout à ses yeux. Réussir dans les études même sacrées lui est suspect et à bon droit. Qui empêchera l'homme supérieur de passer de l'autre côté comme Siéyès ou Grégoire! l'Église tremblante s'attache au pape comme à la seule chance de salut. Le pape seul peut essayer de paralyser l'examen personnel, et, par les pieuses pompes des cérémonies de sa cour, faire impression sur l'esprit ennuyé et malade des gens du monde.

Julien pénétrant à demi ces diverses vérités, que cependant toutes les paroles prononcées dans un séminaire tendent à démentir, tombait dans une mélancolie profonde. Il travaillait beaucoup, et réussissait rapidement à apprendre des choses très-utiles à un prêtre, très-fausses à ses yeux, et auxquelles il ne mettait aucun intérêt. Il croyait n'avoir rien autre chose à faire.

Suis-je donc oublié de toute la terre? pensait-il. Il ne savait pas que M. Pirard avait reçu et jeté au feu quelques lettres timbrées de Dijon, et où, malgré les formes du style le plus convenable, perçait la passion la plus vive. De grands remords semblaient combattre cet amour. Tant mieux, pensait l'abbé Pirard, ce n'est pas du moins une femme impie que ce jeune homme a aimée.

Un jour l'abbé Pirard ouvrit une lettre qui semblait à demi effacée par les larmes; c'était un éternel adieu. « Enfin, disait-on à Julien, le ciel m'a fait la grâce de haïr, non l'auteur de ma faute, il sera toujours ce que j'aurai de plus cher au monde, mais ma faute en elle-même. Le sacrifice est fait, mon ami. Ce n'est pas sans larmes, comme vous voyez. Le salut des êtres auxquels je me dois, et que vous avez tant aimés, l'emporte. Un Dieu juste mais terrible ne pourra plus se venger sur eux des crimes de leur mère. Adieu Julien, soyez juste envers les hommes. »

Cette fin de lettre était presque absolument illisible. On donnait une adresse à Dijon, et cependant on espérait que jamais Julien ne répondrait ou que du moins il se servirait de paroles qu'une femme revenue à la vertu pourrait entendre sans rougir.

La mélancolie de Julien, aidée par la médiocre nourriture que fournissait au séminaire l'entrepreneur des dîners à 83 centimes, commençait à influer sur sa santé, lorsqu'un matin Fouqué parut tout à coup dans sa chambre.

— Enfin j'ai pu entrer. Je suis venu cinq fois à Besançon, sans reproche, pour te voir. Toujours visage de bois. J'ai aposté quelqu'un à la porte du séminaire; pourquoi diable est-ce que tu ne sors jamais?

— C'est une épreuve que je me suis imposée.

— Je te trouve bien changé. Enfin je te revois. Deux beaux écus de cinq francs viennent de m'apprendre que je n'étais qu'un sot de ne pas les avoir offerts dès le premier voyage.

La conversation fut infinie entre les deux amis. Julien changea de couleur, lorsque Fouqué lui dit :

— A propos, sais-tu? la mère de tes élèves est tombée dans la plus haute dévotion.

Et il parlait de cet air dégagé qui fait une si singulière impression sur l'âme passionnée de laquelle on bouleverse sans s'en douter les plus chers intérêts.

— Oui, mon ami, dans la dévotion la plus exaltée. On dit qu'elle fait des pèlerinages. Mais à la honte éternelle de l'abbé Maslon, qui a espionné si longtemps ce pauvre M. Chélan, madame de Rênal n'a pas voulu de lui. Elle va se confesser à Dijon ou à Besançon.

— Elle vient à Besançon! dit Julien, le front couvert de rougeur.

— Assez souvent, répondit Fouqué, d'un air interrogatif.

— As-tu des *Constitutionnels* sur toi?

— Que dis-tu? répliqua Fouqué.

— Je te demande si tu as des *Constitutionnels*, reprit Julien, du ton de voix le plus tranquille. Ils se vendent trente sous le numéro ici.

— Quoi! même au séminaire des libéraux! s'écria Fouqué. Pauvre France! ajouta-t-il, en prenant la voix hypocrite et le ton doux de l'abbé Maslon.

Cette visite eût fait une profonde impression sur notre héros, si, dès le lendemain, un mot que lui adressa ce petit séminariste de Verrières, qui lui semblait si enfant, ne lui eût fait faire une importante découverte. Depuis qu'il était au séminaire, la conduite de Julien n'avait été qu'une suite de fausses démarches. Il se moqua de lui-même avec amertume.

A la vérité, les actions importantes de sa vie étaient savamment conduites; mais il ne soignait pas les détails, et les habiles, au séminaire, ne regardent qu'aux détails. Aussi, passait-il déjà parmi ses camarades pour un *esprit fort*. Il avait été trahi par une foule de petites actions.

A leurs yeux, il était convaincu de ce vice énorme : *il pensait, il jugeait par lui-même*, au lieu de suivre aveuglément *l'autorité* et l'exemple. L'abbé Pirard ne lui avait été d'aucun secours; il ne lui avait pas adressé une seule fois la parole hors du tribunal de la pénitence, où encore il écoutait plus qu'il ne parlait. Il en eût été bien autrement s'il eût choisi l'abbé Castanède.

Du moment que Julien se fut aperçu de sa folie, il ne s'ennuya plus. Il voulut connaître toute l'étendue du mal, et, à cet effet, sortit un peu de ce silence hautain et obstiné avec lequel il repoussait ses camarades. Ce fut alors qu'on se vengea de lui. Ses avances furent accueillies par un mépris qui alla jusqu'à la dérision. Il reconnut que, depuis son entrée au séminaire, il n'y avait pas eu une heure, surtout pendant les récréations, qui n'eût porté conséquence pour ou contre lui, qui n'eût augmenté le nombre de ses ennemis, ou ne lui eût concilié la bienveillance de quelque séminariste sincèrement vertueux ou un peu moins grossier que les autres. Le mal à réparer était immense, la tâche fort difficile. Désormais l'attention de Julien fut sans cesse sur ses gardes; il s'agissait de se dessiner un caractère tout nouveau.

Les mouvemens de ses yeux, par exemple, lui donnèrent beaucoup de peine. Ce n'est pas sans raison qu'en ces lieux-là on les porte baissés. Quelle n'était pas ma présomption à Verrières, se disait Julien, je croyais vivre; je me préparais seulement à la vie, me voici enfin dans le monde, tel que je le trouverai jusqu'à la fin de mon rôle, entouré de vrais ennemis. Quelle immense difficulté, ajoutait-il, que cette hypocrisie de chaque minute; c'est à faire pâlir les travaux d'Hercule. L'Hercule des temps modernes, c'est Sixte-Quint trompant quinze années de suite, par sa modestie, quarante cardinaux qui l'avaient vu vif et hautain pendant toute sa jeunesse.

La science n'est donc rien ici! se disait-il avec dépit; les progrès dans le dogme, dans l'histoire sacrée, etc., ne comptent qu'en apparence. Tout ce qu'on dit à ce sujet est destiné à faire tomber dans le piége les fous tels que moi. Hélas! mon seul mérite consistait dans mes progrès rapides, dans ma façon de saisir ces baliverens. Est-ce qu'au fond ils les estimeraient à leur vraie valeur? les jugent-ils comme moi? Et j'avais la sottise d'en être fier! Ces premières places que j'obtiens toujours n'ont servi qu'à me donner des ennemis acharnés. Chazel, qui a plus de science que moi, jette toujours dans ses compositions quelque balourdise qui le fait reléguer à la cinquantième place ; s'il obtient la première, c'est par distraction. Ah! qu'un mot, un seul mot de M. Pirard m'eût été utile!

Du moment que Julien fut détrompé, les longs exercices de piété ascétique, tels que le chapelet cinq fois la semaine, les cantiques au Sacré Cœur, etc., etc., qui lui semblaient si mortellement ennuyeux, devinrent ses momens d'action les plus intéressans. En réfléchissant sévèrement sur lui-même, et cherchant surtout à ne pas s'exagérer ses moyens, Julien n'aspira pas d'emblée, comme les séminaristes qui servaient de modèles aux autres, à faire à chaque instant des actions *significatives*, c'est-à-dire prouvant un genre de perfection chrétienne. Au séminaire, il est une façon de manger un œuf à la coque, qui annonce les progrès faits dans la vie dévote.

Le lecteur, qui sourit peut-être, daignerait-il se souvenir de toutes les fautes que fit, en mangeant un œuf, l'abbé Delille invité à déjeuner chez une grande dame de la cour de Louis XVI.

Julien chercha d'abord à arriver au *non culpâ ;* c'est l'état du jeune séminariste dont la démarche, dont la façon de mouvoir les bras, les yeux, etc., n'indiquent à la vérité rien de mondain, mais ne montrent pas encore l'être absorbé par l'idée de l'autre vie et le *pur néant* de celle-ci.

Sans cesse Julien trouvait écrit au charbon,

sur les murs des corridors, des phrases telles que celle-ci : Qu'est-ce que soixante ans d'épreuves, mis en balance avec une éternité de délices ou une éternité d'huile bouillante en enfer! Il ne les méprisa plus; il comprit qu'il fallait les avoir sans cesse devant les yeux. Que ferai-je toute ma vie, se disait-il; je vendrai aux fidèles une place dans le ciel. Comment cette place leur sera-t-elle rendue visible? par la différence de mon extérieur et de celui d'un laïc.

Après plusieurs mois d'application de tous les instants, Julien avait encore l'air de *penser*. Sa façon de remuer les yeux et de porter la bouche n'annonçait pas la foi implicite et prête à tout croire et à tout soutenir, même par le martyre. C'était avec colère que Julien se voyait primé dans ce genre par les paysans les plus grossiers. Il y avait de bonnes raisons pour qu'ils n'eussent pas l'air penseur.

Que de peine ne se donnait-il pas pour arriver à cette physionomie de foi fervente et aveugle, prête à tout croire et à tout souffrir, que l'on trouve si fréquemment dans les couvens d'Italie, et dont, à nous autres laïcs, le Guerchin a laissé de si parfaits modèles dans ses tableaux d'église!

Les jours de grande fête, on donnait aux sémi-

---

1. Voir, au musée du Louvre, François duc d'Aquitaine déposant la cuirasse et prenant l'habit de moine, n° 1130.

naristes des saucisses avec de la choucroute. Les voisins de table de Julien observèrent qu'il était insensible à ce bonheur; ce fut là un de ses premiers crimes. Ses camarades y virent un trait odieux de la plus sotte hypocrisie; rien ne lui fit plus d'ennemis. — Voyez ce bourgeois, voyez ce dédaigneux, disaient-ils, qui fait semblant de mépriser la meilleure *pitance*, des saucisses avec de la choucroute! fi, le vilain! l'orgueilleux! le damné!

Hélas! l'ignorance de ces jeunes paysans, mes camarades, est pour eux un avantage immense, s'écriait Julien dans ses momens de découragement. A leur arrivée au séminaire, le professeur n'a point à les délivrer de ce nombre effroyable d'idées mondaines que j'y apporte, et qu'ils lisent sur ma figure, quoi que je fasse.

Julien étudiait, avec une attention voisine de l'envie, les plus grossiers des petits paysans qui arrivaient au séminaire. Au moment où on les dépouillait de leur veste de ratine, pour leur faire endosser la robe noire, leur éducation se bornait à un respect immense et sans bornes pour l'argent *sec et liquide*, comme on dit en Franche-Comté.

C'est la manière sacramentelle et héroïque d'exprimer l'idée sublime *d'argent comptant*.

Le bonheur pour ces séminaristes, comme pour les héros des romans de Voltaire, consiste surtout à bien dîner. Julien découvrait chez presque tous un respect inné pour l'homme qui porte un habit de *drap fin*. Ce sentiment apprécie la *justice distributive*, telle que nous la donnent nos tribunaux, à sa valeur et même au-dessous de sa valeur. — Que peut-on gagner, répétaient-ils souvent entre eux, à plaider contre un *gros?*

C'est le mot des vallées du Jura, pour exprimer un homme riche. Qu'on juge de leur respect pour l'être le plus riche de tous : le gouvernement !

Ne pas sourire avec respect au seul nom de M. le préfet, passe, aux yeux des paysans de la Franche-Comté, pour une imprudence; or l'imprudence, chez le pauvre, est rapidement punie par le manque de pain.

Après avoir été comme suffoqué dans les premiers temps par le sentiment du mépris, Julien finit par éprouver de la pitié : il était arrivé souvent aux pères de la plupart de ses camarades de rentrer le soir dans l'hiver à leur chaumière, et de n'y trouver ni pain, ni châtaignes, ni pommes de terre. Qu'y a-t-il donc d'étonnant, se disait Julien, si l'homme heureux, à leurs yeux, est d'abord celui qui vient de bien dîner, et ensuite celui qui possède un bon habit! Mes camarades ont une vocation ferme, c'est-à-dire qu'ils voient dans l'état ecclésiastique une longue continuation de ce bonheur : bien dîner et avoir un habit chaud en hiver.

Il arriva à Julien d'entendre un jeune séminariste, doué d'imagination, dire à son compagnon :

— Pourquoi ne deviendrais-je pas pape comme Sixte-Quint, qui gardait les pourceaux?

— On ne fait pape que des Italiens, répondit l'ami; mais pour sûr on tirera au sort parmi nous pour des places de grands-vicaires, de chanoines, et peut-être d'évêques. M. P...., évêque de Châlons, est fils d'un tonnelier : c'est l'état de mon père.

Un jour, au milieu d'une leçon de dogme, l'abbé Pirard fit appeler Julien. Le pauvre jeune homme fut ravi de sortir de l'atmosphère physique et morale au milieu de laquelle il était plongé.

Julien trouva chez M. le directeur l'accueil qui l'avait tant effrayé le jour de son entrée au séminaire.

— Expliquez-moi ce qui est écrit sur cette carte à jouer, lui dit-il, en le regardant de façon à le faire rentrer sous terre.

Julien lut :

« Amanda Binet, au café de la Girafe, avant
« huit heures. Dire que l'on est de Genlis, et le
« cousin de ma mère. »

Julien vit l'immensité du danger; la police de l'abbé Castanède lui avait volé cette adresse.

— Le jour où j'entrai ici, répondit-il en regardant le front de l'abbé Pirard, car il ne pouvait supporter son œil terrible, j'étais tremblant : M. Chélan m'avait dit que c'était un lieu plein de délations et de méchancetés de tous les genres : l'espionnage et la dénonciation entre camarades y sont encouragés. Le ciel le veut ainsi, pour montrer la vie telle qu'elle est, aux jeunes prêtres, et leur inspirer le dégoût du monde et de ses pompes.

— Et c'est à moi que vous faites des phrases, dit l'abbé Pirard furieux. Petit coquin !

— A Verrières, reprit froidement Julien, mes frères me battaient lorsqu'ils avaient sujet d'être jaloux de moi...

— Au fait ! au fait ! s'écria M. Pirard, presque hors de lui.

Sans être le moins du monde intimidé, Julien reprit sa narration.

— Le jour de mon arrivée à Besançon, vers midi, j'avais faim, j'entrai dans un café. Mon cœur était rempli de répugnance pour un lieu si profane; mais je pensai que mon déjeuner me coûterait moins cher là qu'à l'auberge. Une dame, qui paraissait la maîtresse de la boutique, eut pitié de mon air novice. « Besançon est rempli de mauvais sujets, me dit-elle; je crains pour vous, monsieur. S'il vous arrivait quelque mauvaise affaire, ayez recours à moi, envoyez chez moi avant huit heures. Si les portiers du séminaire refusent de faire votre commission, dites que vous êtes mon cousin, et natif de Genlis... »

— Tout ce bavardage va être vérifié, s'écria l'abbé Pirard, qui, ne pouvant rester en place, se promenait dans la chambre.

Qu'on se rende dans sa cellule!

L'abbé suivit Julien et l'enferma à clef. Celui-ci se mit aussitôt à visiter sa malle, au fond de laquelle la fatale carte était précisément cachée. Rien ne manquait dans la malle, mais il y avait plusieurs dérangemens; cependant la clef ne le quittait jamais. Quel bonheur, se dit Julien, que, pendant le temps de mon aveuglement, je n'aie jamais accepté la permission de sortir, que M. Castanède m'offrait si souvent avec une bonté que je comprends maintenant. Peut-être j'aurais eu la faiblesse de changer d'habits et d'aller voir la belle Amanda, je me serais perdu. Quand on a désespéré de tirer parti du renseignement de cette manière, pour ne pas le perdre, on en a fait une dénonciation.

Deux heures après le directeur le fit appeler.

— Vous n'avez pas menti, lui dit-il avec un regard moins sévère; mais garder une telle adresse est une imprudence dont vous ne pouvez concevoir la gravité. Malheureux enfant! dans dix ans, peut-être, elle vous portera dommage.

CHAPITRE XXVII

PREMIÈRE EXPÉRIENCE DE LA VIE

> Le temps présent, grand Dieu ! c'est l'arche
> du Seigneur. Malheur à qui y touche !
> DIDEROT.

XXVII

Le lecteur voudra bien nous permettre de donner très-peu de faits clairs et précis sur cette époque de la vie de Julien. Ce n'est pas qu'ils nous manquent, bien au contraire; mais, peut-être ce qu'il vit au séminaire est-il trop noir pour le coloris modéré que l'on a cherché à conserver dans ces feuilles. Les contemporains qui souffrent de certaines choses ne peuvent s'en souvenir qu'avec une horreur qui paralyse tout autre plaisir, même celui de lire un conte.

Julien réussissait peu dans ses essais d'hypocrisie de gestes, il tomba dans des momens de dégoût et même de découragement complet. Il n'avait pas de succès, et encore dans une vilaine carrière. Le moindre secours extérieur eût suffi pour lui remettre le cœur, la difficulté à vaincre n'était pas bien grande; mais il était seul comme une barque abandonnée au milieu de l'Océan. Et quand je réussirais, se disait-il, avoir toute une vie à passer en si mauvaise compagnie! Des gloutons qui ne songent qu'à l'omelette au lard qu'ils dévoreront au dîner, ou des abbés Castanède, pour qui aucun crime n'est trop noir! ils parviendront au pouvoir; mais à quel prix, grand Dieu!

La volonté de l'homme est puissante, je le lis partout; mais suffit-elle pour surmonter un tel dégoût? La tâche des grands hommes a été facile : quelque terrible que fût le danger, ils le trouvaient beau; et qui peut comprendre, excepté moi, la laideur de ce qui m'environne?

Ce moment fut le plus éprouvant de sa vie. Il lui était si facile de s'engager dans un des beaux régimens en garnison à Besançon! Il pouvait se faire maître de latin; il lui fallait si peu pour sa subsistance!. mais alors plus de carrière, plus d'avenir pour son imagination : c'était mourir. Voici le détail d'une de ses tristes journées.

Ma présomption s'est si souvent applaudie de ce que j'étais différent des autres jeunes paysans!

Eh bien, j'ai assez vécu pour voir que *différence engendre haine*, se disait-il un matin. Cette grande vérité venait de lui être montrée par une de ses plus piquantes irréussites. Il avait travaillé huit jours à plaire à un élève qui vivait en odeur de sainteté. Il se promenait avec lui dans la cour, écoutant avec soumission des sottises à dormir debout. Tout à coup le temps tourna à l'orage, le tonnerre gronda, et le saint élève s'écria, le repoussant d'une façon grossière :

— Écoutez; chacun pour soi dans ce monde, je ne veux pas être brûlé par le tonnerre : Dieu peut vous foudroyer comme un impie, comme un Voltaire.

Les dents serrées de rage et les yeux ouverts vers ce ciel sillonné par la foudre : Je mériterais d'être submergé si je m'endors pendant la tempête! s'écria Julien. Essayons la conquête de quelque autre cuistre.

Le cours d'histoire sacrée de l'abbé Castanède sonna.

A ces jeunes paysans si effrayés du travail pénible et de la pauvreté de leurs pères, l'abbé Castanède enseignait ce jour-là que cet être si terrible à leurs yeux, le gouvernement, n'avait de pouvoir réel et légitime qu'en vertu de la délégation du vicaire de Dieu sur la terre.

Rendez-vous digne des bontés du pape par la sainteté de votre vie, par votre obéissance, soyez *comme un bâton entre ses mains*, ajoutait-il, et vous allez obtenir une place superbe où vous commanderez en chef, loin de tout contrôle, une place inamovible, dont le gouvernement paye le tiers des appointemens, et les fidèles, formés par vos prédications, les deux autres tiers.

Au sortir de son cours, M. Castanède s'arrêta dans la cour. — C'est bien d'un curé que l'on peut dire : Tant vaut l'homme, tant vaut la place, disait-il aux élèves qui faisaient cercle autour de lui. J'ai connu, moi qui vous parle, des paroisses de montagne, dont le casuel valait mieux que celui de bien des curés de ville. Il y avait autant d'argent, sans compter les chapons gras, les œufs, le beurre frais et mille agrémens de détail ; et là, le curé est le premier sans contredit : point de bon repas où il ne soit invité, fêté, etc.

A peine M. Castanède fut-il remonté chez lui, que les élèves se divisèrent en groupes. Julien n'était d'aucun ; on le laissait comme une brebis galeuse. Dans tous les groupes, il voyait un élève jeter un sol en l'air, et s'il devinait juste au jeu de croix ou pile, ses camarades en concluaient qu'il aurait bientôt une de ces cures à riche casuel.

Vinrent ensuite les anecdotes. Tel jeune prêtre, à peine ordonné depuis un an, ayant offert un lapin privé à la servante d'un vieux curé, il avait obtenu d'être demandé pour vicaire, et, peu de mois après, car le curé était mort bien vite, l'avait remplacé dans la bonne cure. Tel autre avait réussi à se faire désigner pour successeur à la cure d'un gros bourg fort riche, en assistant à tous les repas du vieux curé paralytique, et lui découpant ses poulets avec grâce.

Les séminaristes, comme les jeunes gens dans toutes les carrières, s'exagèrent l'effet de ces petits moyens qui ont de l'extraordinaire et frappent l'imagination.

Il faut, se disait Julien, que je me fasse à ces conversations. Quand on ne parlait pas de saucisses et de bonnes cures, on s'entretenait de la partie mondaine des doctrines ecclésiastiques; des différends des évêques et des préfets, des maires et des curés. Julien voyait apparaître l'idée d'un second Dieu, mais d'un Dieu bien plus à craindre et bien plus puissant que l'autre; ce second Dieu était le pape. On se disait, mais en baissant la voix, et quand on était bien sûr de n'être pas entendu par M. Pirard, que si le pape ne se donne pas la peine de nommer tous les préfets et tous les maires de France, c'est qu'il a commis à ce soin le roi de France, en le nommant fils aîné de l'Église.

Ce fut vers ce temps que Julien crut pouvoir tirer parti pour sa considération du livre du pape, par M. de Maistre. A vrai dire, il étonna ses camarades; mais ce fut encore un malheur. Il leur déplut en exposant mieux qu'eux-mêmes leurs propres opinions. M. Chélan avait été imprudent pour Julien comme il l'était pour lui-même. Après lui avoir donné l'habitude de raisonner juste et de ne pas se laisser payer de vaines paroles, il avait négligé de lui dire que, chez l'être peu considéré, cette habitude est un crime; car tout bon raisonnement offense.

Le bien dire de Julien lui fut donc un nouveau crime. Ses camarades, à force de songer à lui, parvinrent à exprimer d'un seul mot toute l'horreur qu'il leur inspirait : ils le surnommèrent MARTIN LUTHER; surtout, disaient-ils, à cause de cette infernale logique qui le rend si fier.

Plusieurs jeunes séminaristes avaient des couleurs plus fraîches et pouvaient passer pour plus jolis garçons que Julien, mais il avait les mains blanches et ne pouvait cacher certaines habitudes de propreté délicate. Cet avantage n'en était pas un dans la triste maison où le sort l'avait jeté. Les sales paysans au milieu desquels il vivait déclarèrent qu'il avait des mœurs fort relâchées. Nous craignons de fatiguer le lecteur du récit des mille infortunes de notre héros. Par exemple, les plus vigoureux de ses camarades voulurent prendre l'habitude de le battre; il fut obligé de s'armer d'un compas de fer et d'annoncer, mais par signes, qu'il en ferait usage. Les signes ne peuvent pas figurer, dans un rapport d'espion, aussi avantageusement que des paroles.

CHAPITRE XXVIII

UNE PROCESSION

> Tous les cœurs étaient émus. La présence de Dieu semblait descendue dans ces rues étroites et gothiques, tendues de toutes parts et bien sablées par les mains des fidèles.
>
> Young.

Dubouchet inv sculp.

XXVIII

Julien avait beau se faire petit et sot, il ne pouvait plaire : il était trop différent. Cependant, se disait-il, tous ces professeurs sont gens très-fins, et choisis entre mille ; comment n'aiment-ils pas mon humilité ? Un seul lui semblait abuser sa complaisance à tout croire et à sembler dupe de tout. C'était l'abbé Chas-Bernard, directeur des cérémonies de la cathédrale, où, depuis quinze ans, on lui faisait espérer une place de chanoine ; en attendant, il enseignait l'éloquence sacrée au séminaire. Dans le temps de son aveuglement, ce cours était un de ceux où Julien se trouvait le plus habituellement le premier. L'abbé Chas était parti de là pour lui témoigner de l'amitié, et, à la sortie de son cours, il le prenait volontiers sous le bras pour faire quelques tours de jardin.

Où veut-il en venir? se disait Julien. Il voyait avec étonnement que, pendant des heures entières, l'abbé Chas lui parlait des ornemens possédés par la cathédrale. Elle avait dix-sept chasubles galonnées, outre les ornemens de deuil. On espérait beaucoup de la vieille présidente de Rubempré; cette dame, âgée de quatre-vingt-dix ans, conservait depuis soixante-dix au moins ses robes de noce en superbes étoffes de Lyon, brochées d'or.

— Figurez-vous, mon ami, disait l'abbé Chas en s'arrêtant tout court et ouvrant de grands yeux, que ces étoffes se tiennent droites tant il y a d'or. On croit généralement dans Besançon que, par le testament de la présidente, le *trésor* de la cathédrale sera augmenté de plus de dix chasubles, sans compter quatre ou cinq chapes pour les grandes fêtes. Je vais plus loin, ajoutait l'abbé Chas en baissant la voix, j'ai des raisons pour penser que la présidente nous laissera huit magnifiques flambeaux d'argent doré, que l'on suppose avoir été achetés en Italie, par le duc de Bourgogne Charles le Téméraire, dont un de ses ancêtres fut le ministre favori.

Mais où cet homme veut-il en venir avec toute cette friperie ? pensait Julien. Cette préparation adroite dure depuis un siècle, et rien ne paraît. Il faut qu'il se méfie bien de moi ! Il est plus adroit que tous les autres, dont en quinze jours on devine si bien le but secret. Je comprends, l'ambition de celui-ci souffre depuis quinze ans !

Un soir, au milieu de la leçon d'armes, Julien fut appelé chez l'abbé Pirard, qui lui dit : — C'est demain la fête du *corpus Domini* (la fête Dieu).

M. l'abbé Chas-Bernard a besoin de vous pour l'aider à orner la cathédrale ; allez et obéissez. L'abbé Pirard le rappela, et de l'air de la commisération, ajouta : — C'est à vous de voir si vous voulez profiter de l'occasion pour vous écarter dans la ville.

— *Incedo per ignes*, répondit Julien (j'ai des ennemis cachés).

Le lendemain, dès le grand matin, Julien se rendit à la cathédrale, les yeux baissés. L'aspect des rues et de l'activité qui commençait à régner dans la ville lui fit du bien. De toutes parts on tendait le devant des maisons pour la procession. Tout le temps qu'il avait passé au séminaire ne lui sembla plus qu'un instant. Sa pensée était à Vergy et à cette jolie Amanda Binet, qu'il pouvait rencontrer, car son café n'était pas bien éloigné. Il aperçut de loin l'abbé Chas-Bernard sur la porte de sa chère cathédrale ; c'était un gros homme à face réjouie et à l'air ouvert. Ce jour-là, il était triomphant : — Je vous attendais, mon cher fils, s'écria-t-il, du plus loin qu'il vit Julien ; soyez le bien-venu ! La besogne de cette journée sera longue et rude, fortifions-nous par un premier déjeuner ; le second viendra à dix heures pendant la grandmesse.

— Je désire, Monsieur, lui dit Julien d'un air grave, n'être pas un instant seul ; daignez remarquer, ajouta-t-il en lui montrant l'horloge au-dessus de leur tête, que j'arrive à cinq heures moins une minute.

— Ah ! ces petits méchans du séminaire vous font peur ! Vous êtes bien bon de penser à eux, dit l'abbé Chas ; un chemin est-il moins beau parce qu'il y a des épines dans les haies qui le bordent ? Les voyageurs font route et laissent les épines méchantes se morfondre à leur place. Du reste, à l'ouvrage, mon cher ami, à l'ouvrage !

L'abbé Chas avait raison de dire que la besogne serait rude. Il y avait eu la veille une grande cérémonie funèbre à la cathédrale, on n'avait pu rien préparer ; il fallait donc, en une seule matinée, revêtir tous les piliers gothiques qui forment les trois nefs, d'une sorte d'habit de damas rouge qui monte à trente pieds de hauteur. M. l'évêque avait fait venir par la malle-poste quatre tapissiers de Paris, mais ces Messieurs ne pouvaient suffire à tout, et loin d'encourager la maladresse de leurs camarades bisontins, ils la redoublaient en se moquant d'eux.

Julien vit qu'il fallait monter à l'échelle lui-même; son agilité le servit bien. Il se chargea de diriger les tapissiers de la ville. L'abbé Chas, enchanté, le regardait voltiger d'échelle en échelle. Quand tous les piliers furent revêtus de damas, il fut question d'aller placer cinq énormes bouquets de plumes sur le grand baldaquin, au-dessus du maître-autel. Un riche couronnement de bois doré est soutenu par huit grandes colonnes torses en marbre d'Italie. Mais pour arriver au centre du baldaquin, au-dessus du tabernacle, il fallait marcher sur une vieille corniche en bois, peut-être vermoulue et à quarante pieds d'élévation.

L'aspect de ce chemin ardu avait éteint la gaîté si brillante jusque-là des tapissiers parisiens; ils regardaient d'en bas, discutaient beaucoup et ne montaient pas. Julien se saisit des bouquets de plumes, et monta l'échelle en courant. Il les plaça fort bien sur l'ornement en forme de couronne, au centre du baldaquin. Comme il descendait de l'échelle, l'abbé Chas-Bernard le serra dans ses bras :

— *Optimè!* s'écria le bon prêtre, je conterai ça à Monseigneur.

Le déjeuner de dix heures fut très-gai. Jamais l'abbé Chas n'avait vu son église si belle.

— Cher disciple, disait-il à Julien, ma mère était loueuse de chaises dans cette vénérable basilique de sorte que j'ai été nourri dans ce grand édifice. La terreur de Robespierre nous ruina, mais, à huit ans que j'avais alors, je servais déjà des messes en chambre, et l'on me nourrissait le jour de la messe. Personne ne savait plier une chasuble mieux que moi, jamais les galons n'étaient coupés. Depuis le rétablissement du culte par Napoléon, j'ai le bonheur de tout diriger dans cette vénérable métropole. Cinq fois par an, mes yeux la voient parée de ces ornemens si beaux. Mais jamais elle n'a été si resplendissante, jamais les lais de damas n'ont été aussi bien attachés qu'aujourd'hui, aussi collans aux piliers.

Enfin il va me dire son secret, pensa Julien, le voilà qui me parle de lui; il y a épanchement. Mais rien d'imprudent ne fut dit par cet homme évidemment exalté. Et pourtant il a beaucoup travaillé; il est heureux, se dit Julien : le bon vin n'a pas été épargné. Quel homme ! quel exemple pour moi ; à lui le pompon ! (C'était un mauvais mot qu'il tenait du vieux chirurgien.)

Comme le *Sanctus* de la grand'messe sonna, Julien voulut prendre un surplis pour suivre l'évêque à la superbe procession.

— Et les voleurs, mon ami, et les voleurs !

s'écria l'abbé Chas, vous n'y pensez pas. La procession va sortir; l'église restera déserte; nous veillerons vous et moi. Nous serons bien heureux s'il ne nous manque qu'une couple d'aunes de ce beau galon qui environne le bas des piliers. C'est encore un don de madame de Rubempré; il provient du fameux comte son bisaïeul; c'est de l'or pur, mon cher ami, ajouta l'abbé, en lui parlant à l'oreille, et d'un air évidemment exalté, rien de faux! Je vous charge de l'inspection de l'aile du nord, n'en sortez pas. Je garde pour moi l'aide du midi et la grand'nef. Attention aux confessionnaux; c'est de là que les espionnes des voleurs épient le moment où nous avons le dos tourné.

Comme il achevait de parler, onze heures trois quarts sonnèrent : aussitôt la grosse cloche se fit entendre. Elle sonnait à pleine volée; ces sons si pleins et si solennels émurent Julien. Son imagination n'était plus sur la terre.

L'odeur de l'encens et des feuilles de roses jetées devant le Saint-Sacrement par les petits enfans déguisés en saint Jean, acheva de l'exalter.

Les sons si graves de cette cloche n'auraient dû réveiller chez Julien que l'idée du travail de vingt hommes payés à cinquante centimes, et aidés peut-être par quinze ou vingt fidèles. Il eût dû penser à l'usure des cordes, à celle de la charpente, au danger de la cloche, elle-même, qui tombe tous les deux siècles, et réfléchir au moyen de diminuer le salaire des sonneurs ou de les payer par quelque indulgence ou autre grâce tirée des trésors de l'église, et qui n'aplatît pas sa bourse.

Au lieu de ces sages réflexions, l'âme de Julien, exaltée par ces sons si mâles et si pleins, errait dans les espaces imaginaires. Jamais il ne fera ni un bon prêtre, ni un grand administrateur. Les âmes qui s'émeuvent ainsi sont bonnes tout au plus à produire un artiste. Ici éclate dans tout son jour la présomption de Julien. Cinquante, peut-être, des séminaristes ses camarades, rendus attentifs au réel de la vie par la haine publique et le jacobinisme qu'on leur montre en embuscade derrière chaque haie, en entendant la grosse cloche de la cathédrale, n'auraient songé qu'au salaire des sonneurs. Ils auraient examiné avec le génie de Barême si le degré d'émotion du public valait l'argent qu'on donnait aux sonneurs. Si Julien eût voulu songer aux intérêts matériels de la cathédrale, son imagination, s'élançant au delà du but, aurait pensé à économiser quarante francs à la fabrique, et laissé perdre l'occasion d'éviter une dépense de vingt-cinq centimes.

Tandis que, par le plus beau jour du monde, la procession parcourait lentement Besançon, et s'arrêtait aux brillans reposoirs élevés à l'envi par toutes les autorités, l'église était restée dans un profond silence. Une demi-obscurité, une agréable fraîcheur y régnaient ; elle était encore embaumée par le parfum des fleurs et de l'encens.

Le silence, la solitude profonde, la fraîcheur des longues nefs, rendaient plus douce la rêverie de Julien. Il ne craignait point d'être troublé par l'abbé Chas, occupé dans une autre partie de l'édifice. Son âme avait presque abandonné son enveloppe mortelle, qui se promenait à pas lents dans l'aile du nord confiée à sa surveillance. Il était d'autant plus tranquille, qu'il s'était assuré qu'il n'y avait dans les confessionnaux que quelques femmes pieuses ; son œil regardait sans voir.

Cependant sa distraction fut à demi vaincue par l'aspect de deux femmes fort bien mises qui étaient à genoux, l'une dans un confessionnal, et l'autre tout près de la première, sur une chaise. Il regardait sans voir ; cependant, soit sentiment vague de ses devoirs, soit admiration pour la mise noble et simple de ces dames, il remarqua qu'il n'y avait pas de prêtre dans ce confessionnal. Il est singulier, pensa-t-il, que ces belles dames ne soient pas à genoux devant quelque reposoir, si elles sont dévotes ; ou placées avantageusement au premier rang de quelque balcon, si elles sont du monde. Comme cette robe est bien prise ! quelle grâce ! Il ralentit le pas pour chercher à les voir.

Celle qui était à genoux dans le confessionnal détourna un peu la tête en entendant le bruit des pas de Julien au milieu de ce grand silence. Tout à coup elle jeta un petit cri, et se trouva ma[l]

En perdant ses forces, cette dame à genou[x] tomba en arrière; son amie, qui était près d'elle s'élança pour la secourir. En même temps, Julie vit les épaules de la dame qui tombait en arrière. Un collier de grosses perles fines en torsade, d[e] lui bien connu, frappa ses regards. Que devint-i[l] en reconnaissant la chevelure de madame de Rênal c'était elle. La dame qui cherchait à lui soutenir l[a] tête, et à l'empêcher de tomber tout à fait, étai[t] madame Derville. Julien, hors de lui, s'élança; la chute de madame de Rênal eût peut-être entraîné son amie, si Julien ne les eût soutenues. Il vit la tête de madame de Rênal pâle, absolument privée de sentiment, flottant sur son épaule. Il aida madame Derville à placer cette tête charmante sur l'appui d'une chaise de paille; il était à genoux.

Madame Derville se retourna et le reconnut.

— Fuyez, monsieur, fuyez! lui dit-elle avec l'accent de la plus vive colère. Que surtout elle ne vous revoie pas! Votre vue doit en effet lui faire horreur, elle était si heureuse avant vous! Votre procédé est atroce. Fuyez; éloignez-vous, s'il vous reste quelque pudeur.

Ce mot fut dit avec tant d'autorité, et Julien était si faible dans ce moment, qu'il s'éloigna. Elle m'a toujours haï, se dit-il en pensant à madame Derville.

Au même instant, le chant nasillard des premiers prêtres de la procession retentit dans l'église ; elle rentrait. L'abbé Chas-Bernard appela plusieurs fois Julien, qui d'abord ne l'entendit pas : il vint enfin le prendre par le bras derrière un pilier où Julien s'était réfugié à demi mort. Il voulait le présenter à l'évêque.

— Vous vous trouvez mal, mon enfant, lui dit l'abbé, en le voyant si pâle, et presque hors d'état de marcher ; vous avez trop travaillé. L'abbé lui donna le bras. Venez, asseyez-vous sur ce petit banc du donneur d'eau bénite, derrière moi ; je vous cacherai. Ils étaient alors à côté de la grande porte. Tranquillisez-vous, nous avons encore vingt bonnes minutes avant que Monseigneur ne paraisse. Tâchez de vous remettre ; quand il passera, je vous soulèverai, car je suis fort et vigoureux malgré mon âge.

Mais quand l'évêque passa, Julien était tellement tremblant, que l'abbé Chas renonça à l'idée de le présenter.

— Ne vous affligez pas trop, lui dit-il, je retrouverai une occasion.

Le soir, il fit porter à la chapelle du séminaire dix livres de cierges économisés, dit-il, par les soins de Julien, et la rapidité avec laquelle il avait fait éteindre. Rien de moins vrai. Le pauvre garçon était éteint lui-même ; il n'avait pas eu une idée depuis la vue de madame de Rênal.

CHAPITRE XXIX

LE PREMIER AVANCEMENT

> Il a connu son siècle, il a connu son
> département, et il est riche.
> Le Précurseur.

XXIX

Julien n'était pas encore revenu de la rêverie profonde où l'avait plongé l'événement de la cathédrale, lorsqu'un matin le sévère abbé Pirard le fit appeler.

— Voilà M. l'abbé Chas-Bernard qui m'écrit en votre faveur. Je suis assez content de l'ensemble de votre conduite. Vous êtes extrêmement imprudent et même étourdi, sans qu'il y paraisse; cependant, jusqu'ici le cœur est bon et même généreux; l'esprit est supérieur. Au total, je vois en vous une étincelle qu'il ne faut pas négliger.

Après quinze ans de travaux, je suis sur le point de sortir de cette maison : mon crime est d'avoir laissé les séminaristes à leur libre arbitre, et de n'avoir ni protégé, ni desservi cette société secrète dont vous m'avez parlé au tribunal de la pénitence. Avant de partir, je veux faire quelque chose pour vous; j'aurais agi deux mois plus tôt, car vous le méritez, sans la dénonciation fondée sur l'adresse d'Amanda Binet, trouvée chez vous. Je vous fais répétiteur pour le Nouveau et l'Ancien Testament.

Julien, transporté de reconnaissance, eut bien l'idée de se jeter à genoux et de remercier Dieu; mais il céda à un mouvement plus vrai. Il s'approcha de l'abbé Pirard, et lui prit la main, qu'il porta à ses lèvres.

— Qu'est ceci? s'écria le directeur, d'un air fâché; mais les yeux de Julien en disaient encore plus que son action.

L'abbé Pirard le regarda avec étonnement, tel qu'un homme qui, depuis longues années, a perdu l'habitude de rencontrer des émotions délicates. Cette attention trahit le directeur; sa voix s'altéra.

— Eh bien! oui, mon enfant, je te suis attaché. Le ciel sait que c'est bien malgré moi : je devrais être juste, et n'avoir ni haine ni amour pour personne. Ta carrière sera pénible. Je vois en toi quelque chose qui offense le vulgaire. La jalousie et la calomnie te poursuivront. En quelque lieu que la Providence te place, tes compagnons ne te verront jamais sans te haïr; et s'ils feignent de t'aimer, ce sera pour te trahir plus sûrement. A cela il n'y a qu'un remède : n'aie recours qu'à Dieu, qui t'a donné, pour te punir de ta présomption, cette nécessité d'être haï; que ta conduite soit pure; c'est la seule ressource que je te voie. Si tu tiens à la vérité d'une étreinte invincible, tôt ou tard tes ennemis seront confondus.

Il y avait si longtemps que Julien n'avait entendu une voix amie, qu'il faut lui pardonner une faiblesse : il fondit en larmes. L'abbé Pirard lui ouvrit les bras; ce moment fut bien doux pour tous les deux.

Julien était fou de joie; cet avancement était le premier qu'il obtenait; les avantages étaient immenses. Pour les concevoir, il faut avoir été condamné à passer des mois entiers sans un instant de solitude, et dans un contact immédiat avec des camarades pour le moins importuns, et la plupart intolérables. Leurs cris seuls eussent suffi pour porter le désordre dans une organisation délicate. La joie bruyante de ces paysans bien nourris et bien vêtus, ne savait jouir d'elle-même, ne se croyait entière que lorsqu'ils criaient de toute la force de leurs poumons.

Maintenant, Julien dînait seul, ou à peu près, une heure plus tard que les autres séminaristes. Il avait une clef du jardin, et pouvait s'y promener aux heures où il est désert.

A son grand étonnement, Julien s'aperçut qu'on le haïssait moins ; il s'attendait au contraire à un redoublement de haine. Ce désir secret qu'on ne lui adressât pas la parole, qui était trop évident et lui valait tant d'ennemis, ne fut plus une marque de hauteur ridicule. Aux yeux des êtres grossiers qui l'entouraient, ce fut un juste sentiment de sa dignité. La haine diminua sensiblement, surtout parmi les plus jeunes de ses camarades devenus ses élèves, et qu'il traitait avec beaucoup de politesse. Peu à peu il eut même des partisans ; il devint de mauvais ton de l'appeler Martin Luther.

Mais à quoi bon nommer ses amis, ses ennemis ? Tout cela est laid, et d'autant plus laid que le dessin est plus vrai. Ce sont cependant là les seuls professeurs de morale qu'ait le peuple, et sans eux que deviendrait-il ? Le journal pourra-t-il jamais remplacer le curé ?

Depuis la nouvelle dignité de Julien, le directeur du séminaire affecta de ne lui parler jamais sans témoins. Il y avait dans cette conduite prudence pour le maître comme pour le disciple ; mais il y avait surtout *épreuve*. Le principe invariable du sévère janséniste Pirard était : Un homme a-t-il du mérite à vos yeux? mettez obstacle à tout ce qu'il désire, à tout ce qu'il entreprend. Si le mérite est réel, il saura bien renverser ou tourner les obstacles.

C'était le temps de la chasse. Fouqué eut l'idée d'envoyer au séminaire un cerf et un sanglier de la part des parens de Julien. Les animaux morts furent déposés dans le passage, entre la cuisine et le réfectoire. Ce fut là que tous les séminaristes les virent en allant dîner. Ce fut un grand objet de curiosité. Le sanglier, tout mort qu'il était, faisait peur aux plus jeunes; ils touchaient ses défenses. On ne parla d'autre chose pendant huit jours.

Ce don, qui classait la famille de Julien dans la partie de la société qu'il faut respecter, porta un coup mortel à l'envie. Il fut une supériorité consacrée par la fortune. Chazel et les plus distingués des séminaristes lui firent des avances, et se seraient presque plaints à lui, de ce qu'il ne les avait pas avertis de la fortune de ses parens, et les avait ainsi exposés à manquer de respect à l'argent.

Il y eut une conscription dont Julien fut exempté en sa qualité de séminariste. Cette circonstance l'émut profondément. Voilà donc passé à jamais l'instant où, vingt ans plus tôt, une vie héroïque eût commencé pour moi!

Il se promenait seul dans le jardin du séminaire, il entendit parler entre eux des maçons qui travaillaient au mur de clôture.

— Hé bien, y faut partir, v'là une nouvelle conscription.

— Dans le temps *de l'autre*, à la bonne heure, un maçon y devenait officier, y devenait général, on a vu ça.

— Va-t'en voir maintenant! il n'y a que les gueux qui partent. Celui qui a *de quoi* reste au pays.

— Qui est né misérable, reste misérable, et v'là!

— Ah çà, est-ce bien vrai, ce qu'ils disent que l'autre est mort? reprit un troisième maçon.

— Ce sont les gros qui disent ça, vois-tu! l'autre leur faisait peur.

— Quelle différence, comme l'ouvrage allait de son temps! Et dire qu'il a été trahi par ses maréchaux! Faut-y être traître!

Cette conversation consola un peu Julien. En s'éloignant il répétait avec un soupir :

Le seul roi dont le peuple ait gardé la mémoire!

Le temps des examens arriva. Julien répondit d'une façon brillante; il vit que Chazel lui-même cherchait à montrer tout son savoir.

Le premier jour, les examinateurs nommés par le fameux grand-vicaire de Frilair furent trèscontrariés de devoir toujours porter le premier ou tout au plus le second, sur leur liste, ce Julien Sorel, qui leur était signalé comme le benjamin de l'abbé Pirard. Il y eut des paris au séminaire que, dans la liste de l'examen général, Julien aurait le numéro premier, ce qui emportait l'honneur de dîner chez Mgr l'évêque. Mais, à la fin d'une séance où il avait été question des pères de l'Église, un examinateur adroit, après avoir interrogé Julien sur saint Jérôme et sa passion pour Cicéron, vint à parler d'Horace, de Virgile et des autres auteurs profanes. A l'insu de ses camarades, Julien avait appris par cœur un grand nombre de passages de ces auteurs. Entraîné par ses succès, il oublia le lieu où il était, et, sur la demande réitérée de l'examinateur, récita et paraphrasa avec feu plusieurs odes d'Horace. Après l'avoir laissé s'enferrer pendant vingt minutes, tout à coup l'examinateur changea de visage, et lui reprocha avec aigreur le temps qu'il avait perdu à ces études profanes, et les idées inutiles ou criminelles qu'il s'était mises dans la tête.

— Je suis un sot, monsieur, et vous avez raison, dit Julien d'un air modeste, en reconnaissant le stratagème adroit dont il était victime.

Cette ruse de l'examinateur fut trouvée sale, même au séminaire, ce qui n'empêcha pas M. l'abbé de Frilair, cet homme adroit qui avait organisé si savamment le réseau de la congrégation Bisontine, et dont les dépêches à Paris faisaient trembler juges, préfet, et jusqu'aux officiers généraux de la garnison, de placer de sa main puissante le numéro 198 à côté du nom de Julien. Il avait de la joie à mortifier ainsi son ennemi, le janséniste Pirard.

Depuis dix ans, sa grande affaire était de lui enlever la direction du séminaire. Cet abbé, suivant pour lui-même le plan de conduite qu'il avait indiqué à Julien, était sincère, pieux, sans intrigues, attaché à ses devoirs. Mais le ciel, dans sa colère, lui avait donné ce tempérament bilieux, fait pour sentir profondément les injures et la haine. Aucun des outrages qu'on lui adressait n'était perdu pour cette âme ardente. Il eût cent fois donné sa démission, mais il se croyait utile dans le poste où la Providence l'avait placé. J'empêche les progrès du jésuitisme et de l'idolâtrie, se disait-il.

A l'époque des examens, il y avait deux mois peut-être qu'il n'avait parlé à Julien, et cependant il fut malade pendant huit jours, quand, en recevant la lettre officielle annonçant le résultat du concours, il vit le numéro 198 placé à côté du nom de cet élève qu'il regardait comme la gloire de sa maison. La seule consolation pour ce caractère sévère fut de concentrer sur Julien tous ses moyens de surveillance. Ce fut avec ravissement qu'il ne découvrit en lui ni colère, ni projets de vengeance, ni découragement.

Quelques semaines après, Julien tressaillit en recevant une lettre; elle portait le timbre de Paris. Enfin, pensa-t-il, madame de Rênal se souvient de ses promesses. Un monsieur qui signait Paul Sorel, et qui se disait son parent, lui envoyait une lettre de change de cinq cents francs. On ajoutait que si Julien continuait à étudier avec succès les bons auteurs latins, une somme pareille lui serait adressée chaque année.

C'est elle, c'est sa bonté! se dit Julien attendri, elle veut me consoler; mais pourquoi pas une seule parole d'amitié?

Il se trompait sur cette lettre : madame de Rênal, dirigée par son amie madame Derville, était tout entière à ses remords profonds. Malgré elle, elle pensait souvent à l'être singulier dont la rencontre avait bouleversé son existence, mais se fût bien gardée de lui écrire.

Si nous parlions le langage du séminaire, nous pourrions reconnaître un miracle dans cet envoi de cinq cents francs, et dire que c'était de M. de Frilair, lui-même, que le ciel se servait pour faire ce don à Julien.

Douze années auparavant, M. l'abbé de Frilair était arrivé à Besançon avec un portemanteau des plus exigus, lequel, suivant la chronique, contenait toute sa fortune. Il se trouvait maintenant l'un des plus riches propriétaires du département. Dans le cours de ses prospérités, il avait acheté la moitié d'une terre, dont l'autre partie échut par héritage à M. de La Mole. De là un grand procès entre ces personnages.

Malgré sa brillante existence à Paris, et les emplois qu'il avait à la cour, M. le marquis de La Mole sentit qu'il était dangereux de lutter à Besançon contre un grand-vicaire qui passait pour faire et défaire les préfets. Au lieu de solliciter une gratification de cinquante mille francs, déguisée sous un nom quelconque admis par le budget, et d'abandonner à l'abbé de Frilair ce chétif procès de cinquante mille francs, le marquis se piqua. Il croyait avoir raison : belle raison !

Or, s'il est permis de le dire : quel est le juge qui n'a pas un fils ou du moins un cousin à pousser dans le monde?

Pour éclairer les plus aveugles, huit jours après le premier arrêt qu'il obtint, M. l'abbé de Frilair prit le carrosse de Mgr l'évêque, et alla lui-même porter la croix de la légion d'honneur à son avocat. M. de La Mole, un peu étourdi de la contenance de sa partie adverse, et sentant faiblir ses avocats, demanda des conseils à l'abbé Chélan, qui le mit en relation avec M. Pirard.

Ces relations avaient duré plusieurs années à l'époque de notre histoire. L'abbé Pirard porta son caractère passionné dans cette affaire. Voyant sans cesse les avocats du marquis, il étudia sa cause, et, la trouvant juste, il devint ouvertement le solliciteur du marquis de La Mole contre le tout-puissant grand-vicaire. Celui-ci fut outré de l'insolence, et de la part d'un petit janséniste encore!

— Voyez ce que c'est que cette noblesse de cour qui se prétend si puissante! disait à ses intimes l'abbé de Frilair; M. de La Mole n'a pas seulement envoyé une misérable croix à son agent de Besançon, et va le laisser platement destituer. Cependant, m'écrit-on, ce noble pair ne laisse pas passer de semaine sans aller étaler son cordon bleu dans le salon du garde des sceaux, quel qu'il soit.

Malgré toute l'activité de l'abbé Pirard, et quoique M. de La Mole fût toujours au mieux avec le ministre de la justice et surtout avec ses bureaux, tout ce qu'il avait pu faire, après six années de soins, avait été de ne pas perdre absolument son procès.

Sans cesse en correspondance avec l'abbé Pirard, pour une affaire qu'ils suivaient tous les deux avec passion, le marquis finit par goûter le genre d'esprit de l'abbé. Peu à peu, malgré l'immense distance des positions sociales, leur correspondance prit le ton de l'amitié. L'abbé Pirard disait au marquis qu'on voulait l'obliger, à force d'avanies à donner sa démission. Dans la colère que lui inspira le stratagème infâme, suivant lui, employé contre Julien, il conta son histoire au marquis.

Quoique fort riche, ce grand seigneur n'était point avare. De la vie il n'avait pu faire accepter, à l'abbé Pirard, même le remboursement des frais de poste occasionnés par le procès. Il saisit l'idée d'envoyer cinq cents francs à son élève favori.

M. de La Mole se donna la peine d'écrire lui-même la lettre d'envoi. Cela le fit penser à l'abbé.

Un jour celui-ci reçut un petit billet qui, pour affaire pressante, l'engageait à passer sans délai dans une auberge du faubourg de Besançon. Il y trouva l'intendant de M. de La Mole.

— M. le marquis m'a chargé de vous amener sa calèche, lui dit cet homme. Il espère qu'après avoir lu cette lettre, il vous conviendra de partir pour Paris dans quatre ou cinq jours. Je vais employer le temps que vous voudrez bien m'indiquer à parcourir les terres de M. le marquis en Franche-Comté. Après quoi, le jour qui vous conviendra, nous partirons pour Paris.

La lettre était courte :

« Débarrassez-vous, mon cher monsieur, de toutes les tracasseries de province, venez respirer un air tranquille à Paris. Je vous envoie ma voiture, qui a l'ordre d'attendre votre détermination pendant quatre jours. Je vous attendrai moi-même à Paris jusqu'à mardi. Il ne me faut qu'un oui de votre part, monsieur, pour accepter en votre nom une des meilleures cures des environs de Paris. Le plus riche de vos futurs paroissiens ne vous a jamais vu, mais vous est dévoué plus que vous ne pouvez croire, c'est le marquis de La Mole. »

Sans s'en douter, le sévère abbé Pirard aimait ce séminaire peuplé de ses ennemis, et auquel depuis quinze ans il consacrait toutes ses pensées. La lettre de M. de La Mole fut pour lui comme l'apparition du chirurgien chargé de faire une opération cruelle et nécessaire. Sa destitution était certaine. Il donna rendez-vous à l'intendant à trois jours de là.

Pendant quarante-huit heures il eut la fièvre d'incertitude. Enfin, il écrivit à M. de La Mole, et composa pour Mgr l'évêque une lettre, chef-d'œuvre de style ecclésiastique, mais un peu longue. Il eût été difficile de trouver des phrases plus irréprochables et respirant un respect plus sincère. Et toutefois cette lettre, destinée à donner une heure difficile à M. de Frilair vis-à-vis de son patron, articulait tous les sujets de plainte graves, et descendait jusqu'aux petites tracasseries sales qui, après avoir été endurées avec résignation pendant six ans, forçaient l'abbé Pirard à quitter le diocèse.

On lui volait son bois dans son bûcher, on empoisonnait son chien, etc., etc.

Cette lettre finie, il fit réveiller Julien, qui à huit heures du soir dormait déjà, ainsi que tous les séminaristes.

— Vous savez où est l'évêché? lui dit-il en beau style latin, portez cette lettre à Monseigneur. Je ne vous dissimulerai point que je vous envoie au milieu des loups. Soyez tout yeux et tout oreilles. Point de mensonge dans vos réponses; mais songez que qui vous interroge, éprouverait peut-être une joie véritable à pouvoir vous nuire. Je suis bien aise, mon enfant, de vous donner cette expérience avant de vous quitter, car je ne vous le cache point, la lettre que vous portez est ma démission.

Julien resta immobile, il aimait l'abbé Pirard. La prudence avait beau lui dire :

Après le départ de cet honnête homme, le parti du *Sacré-Cœur* va me dégrader et peut-être me chasser.

Il ne pouvait penser à lui. Ce qui l'embarrassait, c'était une phrase qu'il voulait arranger d'une manière polie, et réellement il ne s'en trouvait pas l'esprit.

— Hé bien! mon ami, ne partez-vous pas?

— C'est qu'on dit, monsieur, dit timidement

Julien, que pendant votre longue administration, vous n'avez rien mis de côté. J'ai six cents francs...

Les larmes l'empêchèrent de continuer.

— *Cela aussi sera marqué*, dit froidement l'ex-directeur du séminaire. Allez à l'évêché, il se fait tard.

Le hasard voulut que ce soir-là M. l'abbé de Frilair fût de service dans le salon de l'évêché, Monseigneur dînait à la préfecture. Ce fut donc à M. de Frilair lui-même que Julien remit la lettre, mais il ne le connaissait pas.

Julien vit avec étonnement cet abbé ouvrir hardiment la lettre adressée à l'évêque. La belle figure du grand-vicaire exprima bientôt une surprise mêlée de vif plaisir, et redoubla de gravité. Pendant qu'il lisait, Julien, frappé de sa bonne mine, eut le temps de l'examiner. Cette figure eût eu plus de gravité sans la finesse extrême qui apparaissait dans certains traits, et qui fût allée jusqu'à dénoter la fausseté si le possesseur de ce beau visage eût cessé un instant de s'en occuper. Le nez très-avancé formait une seule ligne parfaitement droite, et donnait par malheur à un profil, fort distingué d'ailleurs, une ressemblance irrémédiable avec la physionomie d'un renard. Du reste, cet abbé qui paraissait si occupé de la démission de M. Pirard, était mis avec une élégance qui plut beaucoup à Julien, et qu'il n'avait jamais vue à aucun prêtre.

Julien ne sut que plus tard quel était le talent spécial de l'abbé de Frilair. Il savait amuser son évêque, vieillard aimable, fait pour le séjour de Paris, et qui regardait Besançon comme un exil. Cet évêque avait une fort mauvaise vue et aimait passionnément le poisson. L'abbé de Frilair ôtait les arêtes du poisson qu'on servait à Monseigneur.

Julien regardait en silence l'abbé qui relisait la démission, lorsque tout à coup la porte s'ouvrit avec fracas. Un laquais, richement vêtu, passa rapidement. Julien n'eut que le temps de se retourner vers la porte; il aperçut un petit vieillard, portant une croix pectorale. Il se prosterna : l'évêque lui adressa un sourire de bonté, et passa. Le bel abbé le suivit, et Julien resta seul dans le salon, dont il put à loisir admirer la magnificence pieuse.

L'évêque de Besançon, homme d'esprit éprouvé, mais non pas éteint par les longues misères de l'émigration, avait plus de soixante-quinze ans, et s'inquiétait infiniment peu de ce qui arriverait dans dix ans.

— Quel est ce séminariste, au regard fin, que je crois avoir vu en passant? dit l'évêque. Ne doivent-ils pas, suivant mon règlement, être couchés à l'heure qu'il est?

— Celui-ci est fort éveillé, je vous jure, Monseigneur, et il apporte une grande nouvelle : c'est la démission du seul janséniste qui restât dans votre diocèse. Ce terrible abbé Pirard comprend enfin ce que parler veut dire.

— Eh bien! dit l'évêque en riant, je vous défie de le remplacer par un homme qui le vaille. Et pour vous montrer tout le prix de cet homme, je l'invite à dîner pour demain.

Le grand-vicaire voulut glisser quelques mots sur le choix du successeur. Le prélat, peu disposé à parler d'affaires, lui dit :

— Avant de faire entrer cet autre, sachons un peu comment celui-ci s'en va. Faites-moi venir ce séminariste, la vérité est dans la bouche des enfans.

Julien fut appelé : Je vais me trouver au milieu de deux inquisiteurs, pensa-t-il. Jamais il ne s'était senti plus de courage.

Au moment où il entra, deux grands valets de chambre, mieux mis que M. Valenod lui-même, déshabillaient Monseigneur. Ce prélat, avant d'en venir à M. Pirard, crut devoir interroger Julien sur ses études. Il parla un peu de dogme, et fut étonné. Bientôt il en vint aux humanités, à Virgile, à Horace, à Cicéron. Ces noms-là, pensa Julien, m'ont valu mon numéro 198. Je n'ai rien à perdre, essayons de briller. Il réussit; le prélat, excellent humaniste lui-même, fut enchanté.

Au dîner de la préfecture, une jeune fille justement célèbre avait récité le poëme de la Madeleine. Il était en train de parler littérature, et oublia bien vite l'abbé Pirard et toutes les affaires, pour discuter, avec le séminariste, la question de savoir si Horace était riche ou pauvre. Le prélat cita plusieurs odes, mais quelquefois sa mémoire était paresseuse, et sur-le-champ Julien récitait l'ode tout entière, d'un air modeste ; ce qui frappa l'évêque fut que Julien ne sortait point du ton de la conversation ; il disait ses vingt ou trente vers latins comme il eût parlé de ce qui se passait dans son séminaire. On parla longtemps de Virgile, de Cicéron. Enfin le prélat ne put s'empêcher de faire compliment au jeune séminariste.

— Il est impossible d'avoir fait de meilleures études.

— Monseigneur, dit Julien, votre séminaire peut vous offrir cent quatre-vingt-dix-sept sujets bien moins indignes de votre haute approbation.

— Comment cela ? dit le prélat étonné de ce chiffre.

— Je puis appuyer d'une preuve officielle ce que j'ai l'honneur de dire devant Monseigneur.

A l'examen annuel du séminaire, répondant précisément sur les matières qui me valent dans ce moment l'approbation de Monseigneur, j'ai obtenu le numéro 198.

— Ah ! c'est le benjamin de l'abbé Pirard, s'écria l'évêque en riant et regardant M. de Frilair : nous aurions dû nous y attendre ; mais c'est de bonne guerre : n'est-ce pas, mon ami, ajouta-t-il en s'adressant à Julien, qu'on vous a fait réveiller pour vous envoyer ici?

— Oui, Monseigneur. Je ne suis sorti seul du séminaire qu'une seule fois en ma vie, pour aller aider M. l'abbé Chas-Bernard à orner la cathédrale le jour de la Fête-Dieu.

— *Optimè!* dit l'évêque; quoi,' c'est vous qui avez fait preuve de tant de courage en plaçant les bouquets de plume sur le baldaquin? ils me font frémir chaque année, je crains toujours qu'ils ne me coûtent la vie d'un homme. Mon ami, vous irez loin; mais je ne veux pas arrêter votre carrière qui sera brillante, en vous faisant mourir de faim.

Et sur l'ordre de l'évêque, on apporta des biscuits et du vin de Malaga, auxquels Julien fit honneur, et encore plus l'abbé de Frilair, qui savait que son évêque aimait à voir manger gaiement et de bon appétit.

Le prélat, de plus en plus content de la fin de sa soirée, parla un instant d'histoire ecclésiastique. Il vit que Julien ne comprenait pas. Le prélat passa à l'état moral de l'empire romain sous les empereurs du siècle de Constantin. La fin du paganisme était accompagnée de cet état d'inquiétude et de doute, qui, au dix-neuvième siècle, désole les esprits tristes et ennuyés. Monseigneur remarqua que Julien ignorait presque jusqu'au nom de Tacite.

Julien répondit avec candeur à l'étonnement du prélat, que cet auteur ne se trouvait pas dans la bibliothèque du séminaire.

— J'en suis vraiment bien aise, dit l'évêque gaiement. Vous me tirez d'embarras; depuis dix minutes, je cherche le moyen de vous remercier de la soirée aimable que vous m'avez procurée, et certes d'une manière bien imprévue. Je ne m'attendais pas à trouver un docteur dans un élève de mon séminaire. Quoique le don ne soit pas trop canonique, je veux vous donner un Tacite.

Le prélat se fit apporter huit volumes supérieurement reliés, et voulut écrire lui-même sur le titre du premier, un compliment latin pour Julien Sorel. L'évêque se piquait de belle latinité; il finit par lui dire d'un ton sérieux, qui tranchait tout à fait avec celui du reste de la conversation :

— Jeune homme, *si vous êtes sage*, vous aurez un jour la meilleure cure de mon diocèse, et pas à cent lieues de mon palais épiscopal; mais il faut *être sage*.

Julien, chargé de ses volumes, sortit de l'évêché fort étonné, comme minuit sonnait.

Monseigneur ne lui avait pas dit un mot de l'abbé Pirard. Julien était surtout étonné de l'extrême politesse de l'évêque. Il n'avait pas l'idée d'une telle urbanité de formes, réunie à un air de dignité aussi naturel. Julien fut surtout frappé du contraste en revoyant le sombre abbé Pirard qui l'attendait en s'impatientant.

— *Quid tibi dixêrunt?* (Que vous ont-ils dit?) lui cria-t-il d'une voix forte, du plus loin qu'il l'aperçut.

Julien s'embrouillant un peu à traduire en latin les discours de l'évêque :

— Parlez français, et répétez les propres paroles de Monseigneur, sans y ajouter rien, ni rien retrancher, dit l'ex-directeur du séminaire, avec son ton dur et ses manières profondément inélégantes.

— Quel étrange cadeau de la part d'un évêque à un jeune séminariste! disait-il en feuilletant le superbe *Tacite*, dont la tranche dorée avait l'air de lui faire horreur.

Deux heures sonnaient, lorsque après un compte rendu fort détaillé, il permit à son élève favori de regagner sa chambre.

— Laissez-moi le premier volume de votre Tacite, où est le compliment de Mgr l'évêque, lui dit-il. Cette ligne latine sera votre paratonnerre dans cette maison, après mon départ.

Erit tibi, fili mi, successor meus tanquam leo quærens quem devoret (Car pour toi, mon fils, mon successeur sera comme un lion furieux, et qui cherche à dévorer).

Le lendemain matin, Julien trouva quelque chose d'étrange dans la manière dont ses camarades lui parlaient. Il n'en fut que plus réservé. Voilà, pensa-t-il, l'effet de la démission de M. Pirard. Elle est connue de toute la maison, et je passe pour son favori. Il doit y avoir de l'insulte dans ces façons ; mais il ne pouvait l'y voir. Il y avait au contraire absence de haine dans les yeux de tous ceux qu'il rencontrait le long des dortoirs : Que veut dire ceci? c'est un piége sans doute, jouons serré. Enfin le petit séminariste de Verrières lui dit en riant : *Cornelii Taciti opera omnia* (Œuvres complètes de Tacite).

A ce mot, qui fut entendu, tous comme à l'envi firent compliment à Julien, non-seulement sur le magnifique cadeau qu'il avait reçu de Monseigneur, mais aussi de la conversation de deux heures dont il avait été honoré. On savait jusqu'aux plus petits détails. De ce moment, il n'y eut plus d'envie ; on lui fit la cour bassement : l'abbé Castanède, qui, la veille encore, était de la dernière insolence envers lui, vint le prendre par le bras et l'invita à déjeuner.

Par une fatalité du caractère de Julien, l'insolence de ces êtres grossiers lui avait fait beaucoup de peine ; la bassesse lui causa du dégoût et aucun plaisir.

Vers midi, l'abbé Pirard quitta ses élèves, non sans leur adresser une allocution sévère. « Voulez-« vous les honneurs du monde, leur dit-il, tous « les avantages sociaux, le plaisir de commander,

« celui de se moquer des lois et d'être insolent
« impunément envers tous? ou bien voulez-vous
« votre salut éternel? les moins avancés d'entre
« vous n'ont qu'à ouvrir les yeux pour distinguer
« les deux routes. »

A peine fut-il sorti que les dévots du *Sacré-Cœur de Jésus* allèrent entonner un *Te Deum* dans la chapelle. Personne au séminaire ne prit au sérieux l'allocution de l'ex-directeur. Il a beaucoup d'humeur de sa destitution, disait-on de toutes parts; pas un seul séminariste n'eut la simplicité de croire à la démission volontaire d'une place qui donnait tant de relations avec de gros fournisseurs.

L'abbé Pirard alla s'établir dans la plus belle auberge de Besançon; et, sous prétexte d'affaires qu'il n'avait pas, voulut y passer deux jours.

L'évêque l'avait invité à dîner, et, pour plaisanter son grand-vicaire de Frilair, cherchait à le faire briller. On était au dessert, lorsque arriva de Paris l'étrange nouvelle que l'abbé Pirard était nommé à la magnifique cure de N***, à quatre lieues de la capitale. Le bon prélat l'en félicita sincèrement. Il vit dans toute cette affaire un *bien joué* qui le mit de bonne humeur et lui donna la plus haute opinion des talens de l'abbé. Il lui donna un certificat latin magnifique, et imposa silence à l'abbé de Frilair, qui se permettait des remontrances.

Le soir, Monseigneur porta son admiration chez la marquise de Rubempré. Ce fut une grande nouvelle pour la haute société de Besançon ; on se perdait en conjectures sur cette faveur extraordinaire. On voyait déjà l'abbé Pirard évêque. Les plus fins crurent M. de La Mole ministre, et se permirent ce jour-là de sourire des airs impérieux que M. l'abbé de Frilair portait dans le monde.

Le lendemain matin, on suivait presque l'abbé Pirard dans les rues, et les marchands venaient sur la porte de leurs boutiques, lorsqu'il alla solliciter les juges du marquis. Pour la première fois il en fut reçu avec politesse. Le sévère janséniste, indigné de tout ce qu'il voyait, fit un long travail avec les avocats qu'il avait choisis pour le marquis de La Mole, et partit pour Paris. Il eut la faiblesse de dire à deux ou trois amis de collége, qui l'accompagnaient jusqu'à la calèche dont ils admirèrent les armoiries, qu'après avoir administré le séminaire pendant quinze ans, il quittait Besançon avec cinq cent vingt francs d'économies. Ces amis l'embrassèrent en pleurant, et se dirent entre eux : Le bon abbé eût pu s'épargner ce mensonge, il est aussi par trop ridicule.

Le vulgaire, aveuglé par l'amour de l'argent, n'était pas fait pour comprendre que c'était dans sa sincérité que l'abbé Pirard avait trouvé la force nécessaire pour lutter seul pendant six ans contre Marie Alacoque, le Sacré-Cœur de Jésus, les jésuites et son évêque.

CHAPITRE XXX

UN AMBITIEUX

> Il n'y a plus qu'une seule noblesse, c'est le titre de *duc;* marquis est ridicule, au mot *duc* on tourne la tête.
>
> *Edinburgh Review.*

XXX

Le marquis de La Mole reçut l'abbé Pirard sans aucune de ces petites façons de grand seigneur, si polies, mais si impertinentes pour qui les comprend. C'eût été du temps de perdu, et le marquis était assez avant dans les grandes affaires, pour n'avoir point de temps à perdre.

Depuis six mois, il intriguait pour faire accepter à la fois au roi et à la nation un certain ministère, qui, par reconnaissance, le ferait duc.

Le marquis demandait en vain, depuis longues

années, à son avocat de Besançon, un travail clair et précis sur ses procès de Franche-Comté. Comment l'avocat célèbre les lui eût-il expliqués, s'il ne les comprenait pas lui-même?

Le petit carré de papier, que lui remit l'abbé, expliquait tout.

— Mon cher abbé, lui dit le marquis, après avoir expédié en moins de cinq minutes toutes les formules de politesse et d'interrogation sur les choses personnelles; mon cher abbé, au milieu de ma prétendue prospérité, il me manque du temps pour m'occuper sérieusement de deux petites choses assez importantes pourtant : ma famille et mes affaires. Je soigne en grand la fortune de ma maison, je puis la porter loin; je soigne mes plaisirs, et c'est ce qui doit passer avant tout, du moins à mes yeux, ajouta-t-il, en surprenant de l'étonnement dans ceux de l'abbé Pirard. Quoique homme de sens, l'abbé était émerveillé de voir un vieillard parler si franchement de ses plaisirs.

Le travail existe sans doute à Paris, continua le grand seigneur, mais perché au cinquième étage, et dès que je me rapproche d'un homme, il prend un appartement au second, et sa femme prend un jour; par conséquent plus de travail, plus d'effort que pour être ou paraître un homme du monde. C'est là leur unique affaire dès qu'ils ont du pain.

Pour mes procès, exactement parlant, et encore pour chaque procès pris à part, j'ai des avocats qui se tuent ; il m'en est mort un de la poitrine, avant-hier. Mais, pour mes affaires en général, croiriez-vous, monsieur, que, depuis trois ans, j'ai renoncé à trouver un homme qui, pendant qu'il écrit pour moi, daigne songer un peu sérieusement à ce qu'il fait ? Au reste, tout ceci n'est qu'une préface.

Je vous estime, et j'oserais ajouter, quoique vous voyant pour la première fois, je vous aime. Voulez-vous être mon secrétaire, avec huit mille francs d'appointemens ou bien avec le double ? J'y gagnerai encore, je vous jure ; et je fais mon affaire de vous conserver votre belle cure, pour le jour où nous ne nous conviendrons plus.

L'abbé refusa ; mais vers la fin de la conversation, le véritable embarras où il voyait le marquis lui suggéra une idée. — J'ai laissé au fond de mon séminaire un pauvre jeune homme, qui, si je ne me trompe, va y être rudement persécuté. S'il n'était qu'un simple religieux, il serait déjà *in pace.*

Jusqu'ici ce jeune homme ne sait que le latin et l'Écriture sainte ; mais il n'est pas impossible qu'un jour il déploie de grands talens, soit pour la prédication, soit pour la direction des âmes. J'ignore ce qu'il fera ; mais il a le feu sacré, il peut aller loin. Je comptais le donner à notre évêque, si jamais il nous en était venu un qui eût un peu de votre manière de voir les hommes et les affaires.

— D'où sort votre jeune homme? dit le marquis.

— On le dit fils d'un charpentier de nos montagnes, mais je le croirais plutôt fils naturel de quelque homme riche. Je lui ai vu recevoir une lettre anonyme ou pseudonyme avec une lettre de change de cinq cents francs.

— Ah! c'est Julien Sorel, dit le marquis.

— D'où savez-vous son nom? dit l'abbé étonné, et comme il rougissait de sa question.

— C'est ce que je ne vous dirai pas, répondit le marquis.

— Eh bien! reprit l'abbé, vous pourriez essayer d'en faire votre secrétaire : il a de l'énergie, de la raison, en un mot c'est un essai à tenter.

— Pourquoi pas, dit le marquis; mais serait-ce un homme à se laisser graisser la patte par le préfet de police ou par tout autre pour faire l'espion chez moi? Voilà toute mon objection.

D'après les assurances favorables de l'abbé Pirard, le marquis prit un billet de mille francs :

— Envoyez ce viatique à Julien Sorel; faites-le-moi venir.

— On voit bien, dit l'abbé Pirard, que vous habitez Paris. Vous ne connaissez pas la tyrannie qui pèse sur nous autres pauvres provinciaux, et en particulier sur les prêtres non-amis des jésuites. On ne voudra pas laisser partir Julien Sorel, on saura se couvrir des prétextes les plus habiles, on me répondra qu'il est malade, la poste aura perdu les lettres, etc., etc.

— Je prendrai un de ces jours une lettre du ministre à l'évêque, dit le marquis.

— J'oubliais une précaution, dit l'abbé : ce jeune homme, quoique né bien bas, a le cœur haut, il ne sera d'aucune utilité si l'on effarouche son orgueil; vous le rendriez stupide.

— Ceci me plaît, dit le marquis; j'en ferai le camarade de mon fils, cela suffira-t-il?

Quelque temps après, Julien reçut une lettre d'une écriture inconnue et portant le timbre de Châlons; il y trouva un mandat sur un marchand de Besançon, et l'avis de se rendre à Paris sans délai. La lettre était signée d'un nom supposé, mais en l'ouvrant Julien avait tressailli : une feuille d'arbre était tombée à ses pieds; c'était le signe dont il était convenu avec l'abbé Pirard.

Moins d'une heure après, Julien fut appelé à l'évêché, où il se vit accueillir avec une bonté toute paternelle. Tout en citant Horace, monseigneur lui fit, sur les hautes destinées qui l'attendaient à Paris, des complimens fort adroits et qui pour remercîmens attendaient des explications. Julien ne put rien dire, d'abord parce qu'il ne savait rien, et monseigneur prit beaucoup de considération pour lui. Un des petits prêtres de l'évêché écrivit au maire, qui se hâta d'apporter lui-même un passe-port signé, mais où l'on avait laissé en blanc le nom du voyageur.

Le soir avant minuit, Julien était chez Fouqué, dont l'esprit sage fut plus étonné que charmé de l'avenir qui semblait attendre son ami.

— Cela finira pour toi, dit cet électeur libéral, par une place du gouvernement, qui t'obligera à quelque démarche qui sera vilipendée dans les journaux. C'est par ta honte que j'aurai de tes nouvelles. Rappelle-toi que, même financièrement parlant, il vaut mieux gagner cent louis dans un bon commerce de bois, dont on est le maître, que de recevoir quatre mille francs d'un gouvernement, fût-il celui du roi Salomon.

Julien ne vit dans tout cela que la petitesse d'esprit d'un bourgeois de campagne. Il allait enfin paraître sur le théâtre des grandes choses. Le bonheur d'aller à Paris, qu'il se figurait peuplé de gens d'esprit fort intrigans, fort hypocrites, mais aussi polis que l'évêque de Besançon et que l'évêque d'Agde, éclipsait tout à ses yeux. Il se représenta à son ami comme privé de son libre arbitre par la lettre de l'abbé Pirard.

Le lendemain vers midi, il arriva dans Verrières le plus heureux des hommes; il comptait revoir madame de Rênal. Il alla d'abord chez son premier protecteur, le bon abbé Chélan. Il trouva une réception sévère.

— Croyez-vous m'avoir quelque obligation? lui dit M. Chélan, sans répondre à son salut; vous allez déjeuner avec moi : pendant ce temps on ira vous louer un autre cheval, et vous quitterez Verrières, *sans y voir personne*.

— Entendre c'est obéir, répondit Julien, avec une mine de séminaire; et il ne fut plus question que de théologie et de belle latinité.

Il monta à cheval, fit une lieue, après quoi, apercevant un bois, et personne pour l'y voir entrer, il s'y enfonça. Au coucher du soleil, il renvoya le cheval. Plus tard, il entra chez un paysan, qui consentit à lui vendre une échelle et à le suivre en la portant jusqu'au petit bois qui domine le COURS DE LA FIDÉLITÉ à Verrières.

— Je suis un pauvre conscrit réfractaire......, ou un contrebandier, dit le paysan, en prenant congé de lui, mais qu'importe! mon échelle est bien payée, et moi-même je ne suis pas sans avoir passé quelques *mouvemens* de montre en ma vie.

La nuit était fort noire. Vers une heure du matin, Julien, chargé de son échelle, entra dans Verrières. Il descendit le plus tôt qu'il put dans le lit du torrent, qui traverse les magnifiques jardins de M. de Rênal à une profondeur de dix pieds, et contenu entre deux murs. Julien monta facilement avec l'échelle. Quel accueil me feront les chiens de garde? pensait-il. Toute la question est là. Les chiens aboyèrent, et s'avancèrent au galop sur lui; mais il siffla doucement, et ils vinrent le caresser.

Remontant alors de terrasse en terrasse, quoique toutes les grilles fussent fermées, il lui fut facile d'arriver jusque sous la fenêtre de la chambre à coucher de madame de Rênal, qui, du côté du jardin, n'est élevée que de huit ou dix pieds au-dessus du sol.

Il y avait aux volets une petite ouverture en forme de cœur, que Julien connaissait bien. A son grand chagrin, cette petite ouverture n'était pas éclairée par la lumière intérieure d'une veilleuse.

Grand Dieu! se dit-il, cette nuit, cette chambre n'est pas occupée par madame de Rênal! Où sera-t-elle couchée? La famille est à Verrières, puisque j'ai trouvé les chiens; mais je puis rencontrer dans cette chambre, sans veilleuse, M. de Rênal lui-même ou un étranger, et alors quel esclandre!

Le plus prudent était de se retirer; mais ce parti fit horreur à Julien. Si c'est un étranger, je me sauverai à toutes jambes, abandonnant mon échelle; mais si c'est elle, quelle réception m'attend? Elle est tombée dans le repentir et dans la plus haute piété, je n'en puis douter; mais enfin, elle a encore quelque souvenir de moi, puisqu'elle vient de m'écrire. Cette raison le décida.

Le cœur tremblant, mais cependant résolu à périr ou à la voir, il jeta de petits cailloux contre le volet ; point de réponse. Il appuya son échelle à côté de la fenêtre, et frappa lui-même contre le volet, d'abord doucement, puis plus fort. Quelque obscurité qu'il fasse, on peut me tirer un coup de fusil, pensa Julien. Cette idée réduisit l'entreprise folle à une question de bravoure.

Cette chambre est inhabitée cette nuit, pensa-t-il, ou quelle que soit la personne qui y couche, elle est éveillée maintenant. Ainsi plus rien à ménager envers elle ; il faut seulement tâcher de n'être pas entendu par les personnes qui couchent dans les autres chambres.

Il descendit, plaça son échelle contre un des volets, remonta, et passant la main dans l'ouverture en forme de cœur, il eut le bonheur de trouver assez vite le fil de fer attaché au crochet qui fermait le volet. Il tira ce fil de fer ; ce fut avec une joie inexprimable qu'il sentit que ce volet n'était plus retenu et cédait à son effort. Il faut l'ouvrir petit à petit, et faire reconnaître ma voix. Il ouvrit le volet assez pour passer la tête, et en répétant à voix basse : *C'est un ami.*

Il s'assura, en prêtant l'oreille, que rien ne troublait le silence profond de la chambre. Mais décidément il n'y avait point de veilleuse, même à demi éteinte, dans la cheminée ; c'était un bien mauvais signe.

Gare le coup de fusil ! Il réfléchit un peu ; puis, avec le doigt, il osa frapper contre la vitre : pas de réponse ; il frappa plus fort. Quand je devrais casser la vitre, il faut en finir. Comme il frappait très-fort, il crut entrevoir, au milieu de l'extrême obscurité, comme une ombre blanche qui traversait la chambre. Enfin il n'y eut plus de doute, il vit une ombre qui semblait s'avancer avec une extrême lenteur. Tout à coup il vit une joue qui s'appuyait à la vitre contre laquelle était son œil.

Il tressaillit, et s'éloigna un peu. Mais la nuit était tellement noire, que, même à cette distance, il ne put distinguer si c'était madame de Rênal. Il craignait un premier cri d'alarme ; il entendait les chiens rôder et gronder à demi autour du pied de son échelle. — C'est moi, répétait-il assez haut, un ami. Pas de réponse ; le fantôme blanc avait disparu. Daignez m'ouvrir, il faut que je vous parle, je suis trop malheureux ! et il frappait de façon à briser la vitre.

Un petit bruit sec se fit entendre ; l'espagnolette de la fenêtre cédait ; il poussa la croisée, et sauta légèrement dans la chambre.

Le fantôme blanc s'éloignait ; il lui prit les bras ; c'était une femme. Toutes ses idées de courage s'évanouirent. Si c'est elle, que va-t-elle dire ?

Que devint-il, quand il comprit à un petit cri que c'était madame de Rênal!

Il la serra dans ses bras; elle tremblait, et avait à peine la force de le repousser.

— Malheureux! que faites-vous?

A peine si sa voix convulsive pouvait articuler ces mots. Julien y vit l'indignation la plus vraie.

— Je viens vous voir après quatorze mois d'une cruelle séparation.

— Sortez, quittez-moi à l'instant! Ah! monsieur Chélan, pourquoi m'avoir empêchée de lui écrire? j'aurais prévenu cette horreur! Elle le repoussa avec une force vraiment extraordinaire. Je me repens de mon crime; le ciel a daigné m'éclairer, répétait-elle d'une voix entrecoupée. Sortez! fuyez!

— Après quatorze mois de malheur, je ne vous quitterai certainement pas sans vous avoir parlé. Je veux savoir tout ce que vous avez fait. Ah! je vous ai assez aimée pour mériter cette confidence.... je veux tout savoir.

Malgré madame de Rênal, ce ton d'autorité avait de l'empire sur son cœur.

Julien, qui la tenait serrée avec passion, et résistait à ses efforts pour se dégager, cessa de la presser dans ses bras. Ce mouvement rassura un peu madame de Rênal.

— Je vais retirer l'échelle, dit-il, pour qu'elle ne nous compromette pas si quelque domestique, éveillé par le bruit, fait une ronde.

— Ah! sortez, sortez au contraire! lui dit-on avec une véritable colère. Que m'importent les hommes? c'est Dieu qui voit l'affreuse scène que vous me faites et qui m'en punira. Vous abusez lâchement des sentimens que j'eus pour vous, mais que je n'ai plus. Entendez-vous, monsieur Julien?

Il retirait l'échelle fort lentement pour ne pas faire de bruit.

— Ton mari est-il à la ville? lui dit-il, non pour la braver, mais emporté par l'ancienne habitude.

— Ne me parlez pas ainsi, de grâce, ou j'appelle mon mari. Je ne suis déjà que trop coupable de ne vous avoir pas chassé, quoi qu'il pût en arriver. J'ai pitié de vous, lui dit-elle, cherchant à blesser son orgueil qu'elle connaissait si irritable.

Ce refus de tutoiement, cette façon brusque de briser un lien si tendre, et sur lequel il comptait encore, portèrent jusqu'au délire le transport d'amour de Julien.

— Quoi! est-il possible que vous ne m'aimiez plus! lui dit-il, avec un de ces accens du cœur, si difficiles à écouter de sang-froid.

Elle ne répondit pas; pour lui, il pleurait amèrement.

Réellement il n'avait plus la force de parler.

— Ainsi je suis complètement oublié du seul être qui m'ait jamais aimé! A quoi bon vivre désormais? Tout son courage l'avait quitté dès qu'il n'avait plus eu à craindre le danger de rencontrer un homme; tout avait disparu de son cœur, hors l'amour.

Il pleura longtemps en silence. Il prit sa main, elle voulut la retirer; et cependant, après quelques mouvemens presque convulsifs, elle la lui laissa. L'obscurité était extrême; ils se trouvaient l'un et l'autre assis sur le lit de madame de Rênal.

Quelle différence avec ce qui était il y a quatorze mois! pensa Julien; et ses larmes redoublèrent. Ainsi l'absence détruit sûrement tous les sentimens de l'homme!

— Daignez me dire ce qui vous est arrivé, dit enfin Julien embarrassé de son silence, et d'une voix coupée par les larmes.

— Sans doute, répondit madame de Rênal, d'une voix dure et dont l'accent avait quelque chose de sec et de reprochant pour Julien. Mes égaremens étaient connus dans la ville, lors de votre départ. Il y avait eu tant d'imprudence dans vos démarches! Quelque temps après, alors j'étais au désespoir, le respectable M. Chélan vint me voir. Ce fut en vain que, pendant longtemps, il voulut obtenir un aveu. Un jour, il eut l'idée de me conduire dans cette église de Dijon, où j'ai fait ma première communion. Là, il osa parler le premier.... Madame de Rênal fut interrompue par ses larmes. Quel moment de honte!

J'avouai tout. Cet homme si bon daigna ne point m'accabler du poids de son indignation : il s'affligea avec moi. Dans ce temps-là, je vous écrivais tous les jours des lettres que je n'osais vous envoyer; je les cachais soigneusement, et quand j'étais trop malheureuse, je m'enfermais dans ma chambre et relisais mes lettres.

Enfin M. Chélan obtint que je les lui remettrais..... Quelques-unes, écrites avec un peu plus de prudence, vous avaient été envoyées; vous ne me répondiez point.

— Jamais, je te jure, je n'ai reçu aucune lettre de toi au séminaire.

— Grand Dieu! qui les aura interceptées?

— Juge de ma douleur : avant le jour où je te vis à la cathédrale, je ne savais si tu vivais encore.

— Dieu me fit la grâce de comprendre combien je péchais envers lui, envers mes enfans, envers mon mari, reprit madame de Rênal. Il ne m'a jamais aimée comme je croyais alors que vous m'aimiez.....

Julien se précipita dans ses bras, réellement sans projet et hors de lui. Mais madame de Rênal le repoussa, et continuant avec assez de fermeté :

— Mon respectable ami M. Chélan me fit comprendre qu'en épousant M. de Rênal, je lui avais engagé toutes mes affections, même celles que je ne connaissais pas, et que je n'avais jamais éprouvées avant une liaison fatale.... Depuis le grand sacrifice de ces lettres, qui m'étaient si chères, ma vie s'est écoulée, sinon heureusement, du moins avec assez de tranquillité. Ne la troublez point; soyez un ami pour moi.... le meilleur de mes amis. Julien couvrit ses mains de baisers; elle sentit qu'il pleurait encore. Ne pleurez point, vous me faites tant de peine.... Dites-moi à votre tour ce que vous avez fait. Julien ne pouvait parler. Je veux savoir votre genre de vie au séminaire, répéta-t-elle, puis vous vous en irez.

Sans penser à ce qu'il racontait, Julien parla des intrigues et des jalousies sans nombre qu'il avait d'abord rencontrées, puis de sa vie plus tranquille depuis qu'il avait été nommé répétiteur.

— Ce fut alors, ajouta-t-il, qu'après un long silence, qui sans doute était destiné à me faire comprendre ce que je vois trop aujourd'hui, que vous ne m'aimiez plus et que j'étais devenu indifférent pour vous.... Madame de Rênal serra ses mains. Ce fut alors que vous m'envoyâtes une somme de cinq cents francs.

— Jamais! dit madame de Rênal.

— C'était une lettre timbrée de Paris et signée Paul Sorel, afin de déjouer tous les soupçons.

Il s'éleva une petite discussion sur l'origine possible de cette lettre. La position morale changea. Sans le savoir, madame de Rênal et Julien avaient quitté le ton solennel; ils étaient revenus à celui d'une tendre amitié. Ils ne se voyaient point tant l'obscurité était profonde, mais le son de la voix disait tout. Julien passa le bras autour de la taille de son amie; ce mouvement avait bien des dangers. Elle essaya d'éloigner le bras de Julien, qui, avec assez d'habileté, attira son attention dans ce moment par une circonstance intéressante de son récit. Ce bras fut comme oublié, et resta dans la position qu'il occupait.

Après bien des conjectures sur l'origine de la lettre aux cinq cents francs, Julien avait repris son récit; il devenait un peu plus maître de lui en parlant de sa vie passée, qui auprès de ce qui lui arrivait en cet instant, l'intéressait si peu. Son attention se fixa tout entière sur la manière dont allait finir sa visite. Vous allez sortir, lui disait-on toujours, de temps en temps, et avec un accent bref.

Quelle honte pour moi si je suis éconduit! ce sera un remords à empoisonner toute ma vie, se disait-il; jamais elle ne m'écrira. Dieu sait quand je reviendrai en ce pays! De ce moment, tout ce qu'il y avait de céleste dans la position de Julien disparut rapidement de son cœur. Assis à côté d'une femme qu'il adorait, la serrant presque dans ses bras, dans cette chambre où il avait été si heureux, au milieu d'une obscurité profonde, distinguant fort bien que depuis un moment elle pleurait; sentant, au mouvement de sa poitrine, qu'elle avait des sanglots, il eut le malheur de devenir un froid politique, presque aussi calculant et aussi froid que lorsque, dans la cour du séminaire, il se voyait en butte à quelque mauvaise plaisanterie de la part d'un de ses camarades plus fort que lui. Julien faisait durer son récit, et parlait de la vie malheureuse qu'il avait menée depuis son départ de Verrières. Ainsi, se disait madame de Rênal, après un an d'absence, privé presque entièrement de marques de souvenir, tandis que moi je l'oubliais, il n'était occupé que des jours heureux qu'il avait trouvés à Vergy. Ses sanglots redoublaient. Julien vit le succès de son récit. Il comprit qu'il fallait tenter la dernière ressource : il arriva brusquement à la lettre qu'il venait de recevoir de Paris.

— J'ai pris congé de Monseigneur l'évêque.

— Quoi! vous ne retournez pas à Besançon! vous nous quittez pour toujours?

— Oui, répondit Julien, d'un ton résolu; oui, j'abandonne un pays où je suis oublié même de ce que j'ai le plus aimé en ma vie, et je le quitte pour ne jamais le revoir. Je vais à Paris....

— Tu vas à Paris! s'écria assez haut madame de Rênal.

Sa voix était presque étouffée par les larmes, et montrait tout l'excès de son trouble. Julien avait besoin de cet encouragement : il allait tenter une démarche qui pouvait tout décider contre lui; et avant cette exclamation, n'y voyant point, il ignorait absolument l'effet qu'il parvenait à produire. Il n'hésita plus; la crainte du remords lui donnait tout empire sur lui-même; il ajouta froidement en se levant :

— Oui, madame, je vous quitte pour toujours, soyez heureuse; adieu!

— Il fit quelques pas vers la fenêtre; déjà il l'ouvrait. Madame de Rênal s'élança vers lui et se précipita dans ses bras.

Ainsi, après trois heures de dialogue, Julien obtint ce qu'il avait désiré avec tant de passion pendant les deux premières. Un peu plus tôt arrivés, le retour aux sentimens tendres, l'éclipse des remords chez madame de Rênal, eussent été un bonheur divin; ainsi obtenus avec art, ce ne fut plus qu'un plaisir. Julien voulut absolument, contre les instances de son amie, allumer la veilleuse.

— Veux-tu donc, lui disait-il, qu'il ne me reste aucun souvenir de t'avoir vue? L'amour qui est sans doute dans ces yeux charmans, sera donc perdu pour moi? la blancheur de cette jolie main me sera donc invisible? Songe que je te quitte pour bien longtemps peut-être!

Madame de Rênal n'avait rien à refuser à cette idée qui la faisait fondre en larmes. Mais l'aube commençait à dessiner vivement les contours des sapins sur la montagne à l'orient de Verrières. Au lieu de s'en aller, Julien, ivre de volupté, demanda à madame de Rênal de passer toute la journée caché dans sa chambre, et de ne partir que la nuit suivante.

— Et pourquoi pas? répondit-elle. Cette fatale rechute m'ôte toute estime pour moi, et fait à jamais mon malheur, et elle le pressait contre son cœur. Mon mari n'est plus le même, il a des soupçons; il croit que je l'ai mené dans toute cette affaire, et se montre fort piqué contre moi. S'il entend le moindre bruit, je suis perdue : il me chassera comme une malheureuse que je suis.

— Ah! voilà une phrase de M. Chélan, dit Julien; tu ne m'aurais pas parlé ainsi avant ce cruel départ pour le séminaire; tu m'aimais alors!

Julien fut récompensé du sang-froid qu'il avait mis dans ce mot : il vit son amie oublier rapidement le danger que la présence de son mari lui faisait courir, pour songer au danger bien plus grand de voir Julien douter de son amour. Le jour croissait rapidement et éclairait vivement la chambre; Julien retrouva toutes les voluptés de l'orgueil, lorsqu'il put revoir dans ses bras, et presque à ses pieds, cette femme charmante, la seule qu'il eût aimée et qui peu d'heures auparavant était tout entière à la crainte d'un Dieu terrible et à l'amour de ses devoirs. Des résolutions fortifiées par un an de constance n'avaient pu tenir devant son courage.

Bientôt on entendit du bruit dans la maison; une chose à laquelle elle n'avait pas songé vint troubler madame de Rênal.

— Cette méchante Élisa va entrer dans la chambre : que faire de cette énorme échelle? dit-elle à son ami; où la cacher? Je vais la porter au grenier! s'écria-t-elle tout à coup, avec une sorte d'enjouement.

— Mais, il faut passer dans la chambre du domestique, dit Julien étonné.

— Je laisserai l'échelle dans le corridor, j'appellerai le domestique, et lui donnerai une commission.

— Songe à préparer un mot pour le cas où le domestique passant devant l'échelle, dans le corridor, la remarquera.

— Oui, mon ange, dit madame de Rênal, en lui donnant un baiser. Toi, songe à te cacher bien vite sous le lit, si pendant mon absence Élisa entre ici.

Julien fut étonné de cette gaîté soudaine. Ainsi, pensa-t-il, l'approche d'un danger matériel, loin de la troubler, lui rend sa gaîté, parce qu'elle oublie ses remords! Femme vraiment supérieure! ah! voilà un cœur dans lequel il est glorieux de régner! Julien était ravi.

Madame de Rênal prit l'échelle; elle était évidemment trop pesante pour elle. Julien allait à son secours; il admirait cette taille élégante et qui était si loin d'annoncer de la force, lorsque tout à coup, sans aide, elle saisit l'échelle et l'enleva comme elle eût fait une chaise. Elle la porta rapidement dans le corridor du troisième étage, où elle la coucha le long du mur. Elle appela le domestique, et pour lui laisser le temps de s'habiller, monta au colombier. Cinq minutes après, à son retour dans le corridor, elle ne trouva plus l'échelle. Qu'était-elle devenue? si Julien eût été hors de la maison, ce danger ne l'eût guère touchée. Mais, dans ce moment, si son mari voyait cette échelle! cet incident pouvait être abominable. Madame de Rênal courait partout. Enfin elle découvrit cette échelle sous le toit où le domestique l'avait portée et même cachée. Cette circonstance était singulière, autrefois elle l'eût alarmée.

Que m'importe, pensa-t-elle, ce qui peut arriver dans vingt-quatre heures, quand Julien sera parti? tout ne sera-t-il pas alors pour moi horreur et remords?

Elle avait comme une idée vague de devoir

quitter la vie, mais qu'importe! Après une séparation qu'elle avait crue éternelle, il lui était rendu, elle le revoyait, et ce qu'il avait fait pour parvenir jusqu'à elle montrait tant d'amour!

En racontant l'événement de l'échelle à Julien :

— Que répondrai-je à mon mari, lui dit-elle, si le domestique lui conte qu'il a trouvé cette échelle? Elle rêva un instant; il leur faudra vingt-quatre heures pour découvrir le paysan qui te l'a vendue; et se jetant dans les bras de Julien, en le serrant d'un mouvement convulsif : Ah! mourir, mourir ainsi! s'écriait-elle en le couvrant de baisers; mais il ne faut pas que tu meures de faim, dit-elle en riant.

Viens; d'abord je vais te cacher dans la chambre de madame Derville, qui reste toujours fermée à clef. Elle alla veiller à l'extrémité du corridor, et Julien passa en courant. Garde-toi d'ouvrir, si l'on frappe, lui dit-elle en l'enfermant à clef; dans tous les cas, ce ne serait qu'une plaisanterie des enfans en jouant entre eux.

— Fais-les venir dans le jardin, sous la fenêtre, dit Julien, que j'aie le plaisir de les voir; fais-les parler.

— Oui, oui! lui cria madame de Rênal en s'éloignant.

Elle revint bientôt avec des oranges, des biscuits, une bouteille de vin de Malaga; il lui avait été impossible de voler du pain.

— Que fait ton mari? dit Julien.

— Il écrit des projets de marché avec des paysans.

Mais huit heures avaient sonné, on faisait beaucoup de bruit dans la maison. Si l'on n'eût pas vu madame de Rênal, on l'eût cherchée partout; elle fut obligée de le quitter. Bientôt elle revint, contre toute prudence, lui apportant une tasse de café; elle tremblait qu'il ne mourût de faim. Après le déjeuner, elle réussit à amener les enfans sous la fenêtre de la chambre de madame Derville. Il les trouva fort grandis, mais ils avaient pris l'air commun, ou bien ses idées avaient changé. Madame de Rênal leur parla de Julien. L'aîné répondit avec amitié et regrets pour l'ancien précepteur; mais il se trouva que les cadets l'avaient presque oublié.

M. de Rênal ne sortit pas ce matin-là; il montait et descendait sans cesse dans la maison, occupé à faire des marchés avec des paysans, auxquels il vendait sa récolte de pommes de terre. Jusqu'au dîner, madame de Rênal n'eut pas un instant à donner à son prisonnier. Le dîner sonné et servi, elle eut l'idée de voler pour lui une assiette de soupe chaude. Comme elle approchait sans bruit de la porte de la chambre qu'il occupait, portant cette assiette avec précaution, elle se trouva face à face avec le domestique qui avait caché l'échelle le matin. Dans ce moment, il s'avançait aussi sans bruit dans le corridor et comme écoutant. Probablement Julien avait marché avec imprudence. Le domestique s'éloigna un peu confus. Madame de Rênal entra hardiment chez Julien; cette rencontre le fit frémir.

— Tu as peur! lui dit-elle; moi, je braverais tous les dangers du monde et sans sourciller. Je ne crains qu'une chose, c'est le moment où je serai seule après ton départ; et elle le quitta en courant.

Ah! se dit Julien exalté, le remords est le seul danger que redoute cette âme sublime!

Enfin le soir vint. M. de Rênal alla au Casino. Sa femme avait annoncé une migraine affreuse, elle se retira chez elle, se hâta de renvoyer Élisa, et se releva bien vite pour aller ouvrir à Julien.

Il se trouva que réellement il mourait de faim. Madame de Rênal alla à l'office chercher du pain. Julien entendit un grand cri. Madame de Rênal revint et lui raconta qu'entrant dans l'office sans lumière, s'approchant d'un buffet où l'on serrait le pain, et étendant la main, elle avait touché un bras de femme. C'était Élisa, qui avait jeté le cri entendu par Julien.

— Que faisait-elle là?

— Elle volait quelques sucreries, ou bien elle nous épiait, dit madame de Rênal, avec une indifférence complète. Mais heureusement j'ai trouvé un pâté et un gros pain.

— Qu'y a-t-il donc là? dit Julien, en lui montrant les poches de son tablier.

Madame de Rênal avait oublié que, depuis le dîner, elles étaient remplies de pain.

Julien la serra dans ses bras, avec la plus vive passion; jamais elle ne lui avait semblé si belle. Même à Paris, se disait-il confusément, je ne pourrai rencontrer un plus grand caractère. Elle avait toute la gaucherie d'une femme peu accoutumée à ces sortes de soins, et en même temps, le vrai courage d'un être qui ne craint que des dangers d'un autre ordre et bien autrement terribles.

Pendant que Julien soupait de grand appétit, et que son amie le plaisantait sur la simplicité de ce repas, car elle avait horreur de parler sérieusement, la porte de la chambre fut tout à coup secouée avec force. C'était M. de Rênal.

— Pourquoi t'es-tu enfermée? lui criait-il.

Julien n'eut que le temps de se glisser sous le canapé.

— Quoi! vous êtes tout habillée, dit M. de Rênal en entrant; vous soupez, et vous avez fermé votre porte à clef!

Les jours ordinaires, cette question, faite avec toute la sécheresse conjugale, eût troublé madame de Rênal, mais elle sentait que son mari n'avait qu'à se baisser un peu pour apercevoir Julien; car M. de Rênal s'était jeté sur la chaise que Julien occupait un moment auparavant vis-à-vis le canapé.

La migraine servit d'excuse à tout. Pendant qu'à son tour son mari lui contait longuement les incidens de la poule qu'il avait gagnée au billard du Casino, une poule de dix-neuf francs, ma foi! ajoutait-il, elle aperçut sur une chaise, à trois pas devant eux, le chapeau de Julien. Son sang-froid redoubla, elle se mit à se déshabiller et dans un certain moment, passant rapidement derrière son mari, jeta une robe sur la chaise au chapeau.

M. de Rênal partit enfin. Elle pria Julien de recommencer le récit de sa vie au séminaire; hier je ne t'écoutais pas, je ne songeais, pendant que tu parlais, qu'à obtenir de moi de te renvoyer.

Elle était l'imprudence même. Ils parlaient très-haut; et il pouvait être deux heures du matin, quand ils furent interrompus par un coup violent à la porte. C'était encore M. de Rênal.

— Ouvrez-moi bien vite, il y a des voleurs dans la maison, disait-il; Saint-Jean a trouvé leur échelle ce matin.

— Voici la fin de tout! s'écria madame de Rênal, en se jetant dans les bras de Julien. Il va nous tuer tous les deux, il ne croit pas aux voleurs; je vais mourir dans tes bras, plus heureuse à ma mort que je ne le fus de la vie. Elle ne répondait nullement à son mari qui se fâchait, elle embrassait Julien avec passion.

— Sauve la mère de Stanislas, lui dit-il avec le regard du commandement. Je vais sauter dans la cour par la fenêtre du cabinet, et me sauver dans le jardin ; les chiens m'ont reconnu. Fais un paquet de mes habits, et jette-le dans le jardin aussitôt que tu le pourras. En attendant, laisse enfoncer la porte. Surtout point d'aveux, je le défends, il vaut mieux qu'il ait des soupçons que des certitudes.

— Tu vas te tuer en sautant ! fut sa seule réponse et sa seule inquiétude.

Elle alla avec lui à la fenêtre du cabinet ; elle prit ensuite le temps de cacher ses habits. Elle ouvrit enfin à son mari bouillant de colère. Il regarda dans la chambre, dans le cabinet, sans mot dire et disparut. Les habits de Julien lui furent jetés : il les saisit, et courut rapidement vers le bas du jardin du côté du Doubs. Comme il courait, il entendit siffler une balle et aussitôt le bruit d'un coup de fusil.

Ce n'est pas M. de Rênal, pensa-t-il, il tire trop mal pour cela. Les chiens couraient en silence à ses côtés, un second coup cassa apparemment la patte à un chien, car il se mit à pousser des cris lamentables. Julien sauta le mur d'une terrasse, fit à couvert une cinquantaine de pas, et se remit à fuir dans une autre direction. Il entendit des voix qui s'appelaient, et vit distinctement le domestique son ennemi tirer un coup de fusil; un fermier vint aussi tirailler de l'autre côté du jardin, mais déjà Julien avait gagné la rive du Doubs, où il s'habillait.

Une heure après, il était à une lieue de Verrières sur la route de Genève. Si l'on a des soupçons, pensa Julien, c'est sur la route de Paris qu'on me cherchera.

CHAPITRE XXXI

LES PLAISIRS DE LA CAMPAGNE

> O rus, quando ego te adspiciam!
> Virgile.

XXXI

— Monsieur vient sans doute attendre la malle-poste de Paris? lui dit le maître d'une auberge où il s'arrêta pour déjeuner.

— Celle d'aujourd'hui ou celle de demain, peu m'importe, dit Julien.

La malle-poste arriva comme il faisait l'indifférent. Il y avait deux places libres.

— Quoi! c'est toi, mon pauvre Falcoz, dit le voyageur qui arrivait du côté de Genève, à celui qui montait en voiture en même temps que Julien.

— Je te croyais établi aux environs de Lyon, dit Falcoz, dans une délicieuse vallée près du Rhône.

— Joliment établi. Je fuis.

— Comment! tu fuis? toi, Saint-Giraud! avec cette mine sage, tu as commis quelque crime! dit Falcoz en riant.

— Ma foi, autant vaudrait. Je fuis l'abominable vie que l'on mène en province. J'aime la fraîcheur des bois et la tranquillité champêtre, comme tu sais; tu m'as souvent accusé d'être romanesque. Je ne voulais de la vie entendre parler politique, et la politique me chasse.

— Mais de quel parti es-tu?

— D'aucun, et c'est ce qui me perd. Voici toute ma politique : J'aime la musique, la peinture; un bon livre est un événement pour moi; je vais avoir quarante-quatre ans. Que me reste-t-il à vivre? Quinze, vingt, trente ans tout au plus? Hé bien, je tiens que dans trente ans, les ministres seront un peu plus adroits, mais tout aussi honnêtes gens que ceux d'aujourd'hui. L'histoire d'Angleterre me sert de miroir pour notre avenir. Toujours il se trouvera un roi qui voudra augmenter sa prérogative; toujours l'ambition de devenir député, la gloire et les centaines de mille francs gagnés par Mirabeau, empêcheront de dormir les gens riches de la province : ils appelleront cela être libéral et aimer le peuple. Toujours l'envie de devenir pair ou gentilhomme de la chambre galopera les ultras. Sur le vaisseau de l'État, tout le monde voudra s'occuper de la manœuvre, car elle est bien payée. N'y aura-t-il donc jamais une pauvre petite place pour le simple passager?

— Au fait, au fait, qui doit être fort plaisant avec ton caractère tranquille. Sont-ce les dernières élections qui te chassent de ta province?

— Mon mal vient de plus loin. J'avais, il y a quatre ans, quarante ans et cinq cent mille francs; j'ai quatre ans de plus aujourd'hui, et probablement cinquante mille francs de moins, que je vais perdre sur la vente de mon château de Montfleury près du Rhône, position superbe.

A Paris, j'étais las de cette comédie perpétuelle, à laquelle oblige ce que vous appelez la civilisation du dix-neuvième siècle. J'avais soif de bonhomie et de simplicité. J'achète une terre dans les montagnes près du Rhône, rien d'aussi beau sous le ciel.

Le vicaire du village et les hobereaux du voisinage me font la cour pendant six mois; je leur donne à dîner. « J'ai quitté Paris, leur dis-je, pour de ma vie ne parler ni n'entendre parler politique. Comme vous le voyez, je ne suis abonné à aucun journal. Moins le facteur de la poste m'apporte de lettres, plus je suis content. »

Ce n'était pas le compte du vicaire, bientôt je

suis en butte à mille demandes indiscrètes, tracasseries, etc. Je voulais donner deux ou trois cents francs par an aux pauvres, on me les demande pour des associations pieuses : celle de Saint-Joseph, celle de la Vierge, etc.; je refuse : alors on me fait cent insultes. J'ai la bêtise d'en être piqué. Je ne puis plus sortir le matin pour aller jouir de la beauté de nos montagnes, sans trouver quelque ennui qui me tire de mes rêveries et me rappelle désagréablement les hommes et leur méchanceté. Aux processions des Rogations, par exemple, dont le chant me plaît (c'est probablement une mélodie grecque), on ne bénit plus mes champs, parce que, dit le vicaire, ils appartiennent à un impie. La vache d'une vieille paysanne dévote meurt; elle dit que c'est à cause du voisinage d'un étang qui appartient à moi impie, philosophe venant de Paris, et huit jours après, je trouve tous mes poissons le ventre en l'air, empoisonnés avec de la chaux. La tracasserie m'environne sous toutes les formes. Le juge de paix, honnête homme, mais qui craint pour sa place, me donne toujours tort. La paix des champs est pour moi un enfer. Une fois que l'on m'a vu abandonné par le vicaire, chef de la congrégation du village, et non soutenu par le capitaine en retraite, chef des libéraux, tous me sont tombés dessus, jusqu'au maçon que je faisais vivre depuis un an; jusqu'au charron qui voulait me friponner impunément en raccommodant mes charrues.

. Afin d'avoir un appui et de gagner pourtant quelques-uns de mes procès, je me fais libéral; mais, comme tu dis, ces diables d'élections arrivent, on me demande ma voix....

— Pour un inconnu?

— Pas du tout, pour un homme que je ne connais que trop. Je refuse, imprudence affreuse! dès ce moment me voilà aussi les libéraux sur les bras, ma position devient intolérable. Je crois que s'il fût venu dans la tête au vicaire de m'accuser d'avoir assassiné ma servante, il y aurait eu vingt témoins des deux partis, qui auraient juré avoir vu commettre le crime.

— Tu veux vivre à la campagne sans servir les passions de tes voisins, sans même écouter leurs bavardages. Quelle faute!...

— Enfin elle est réparée. Montfleury est en vente; je perds cinquante mille francs s'il le faut, mais je suis tout joyeux : je quitte cet enfer d'hypocrisie et de tracasseries. Je vais chercher la solitude et la paix champêtre au seul lieu où elles existent en France, dans un quatrième étage donnant sur les Champs-Élysées. Et encore j'en suis à délibérer si je ne commencerai pas ma carrière politique, dans le quartier du Roule, par rendre le pain béni à la paroisse.

— Tout cela ne te fût pas arrivé sous Bonaparte, dit Falcoz avec des yeux brillans de courroux et de regret.

— A la bonne heure, mais pourquoi n'a-t-il pas su se tenir en place, ton Bonaparte? tout ce dont je souffre aujourd'hui, c'est lui qui l'a fait.

Ici l'attention de Julien redoubla. Il avait compris du premier mot que le bonapartiste Falcoz était l'ancien ami d'enfance de M. de Rênal par lui répudié en 1816, et le philosophe Saint-Giraud devait être frère de ce chef de bureau à la préfecture de.... qui savait se faire adjuger à bon compte les maisons des communes.

— Et tout cela c'est ton Bonaparte qui l'a fait, continuait Saint-Giraud : un honnête homme, inoffensif s'il en fut, avec quarante ans et cinq cent mille francs, ne peut pas s'établir en province et y trouver la paix; ses prêtres et ses nobles l'en chassent.

— Ah! ne dis pas de mal de lui! s'écria Falcoz; jamais la France n'a été si haut dans l'estime des peuples que pendant les treize ans qu'il a régné. Alors il y avait de la grandeur dans tout ce qu'on faisait.

— Ton empereur, que le diable emporte! reprit l'homme de quarante-quatre ans, n'a été grand que sur ses champs de batailles, et lorsqu'il a rétabli les finances vers 1802. Que veut dire toute sa conduite depuis? Avec ses chambellans, sa pompe et ses réceptions aux Tuileries, il a donné une nouvelle édition de toutes les niaiseries monarchiques. Elle était corrigée, elle eût pu passer encore un siècle ou deux. Les nobles et les prêtres ont voulu revenir à l'ancienne, mais ils n'ont pas la main de fer qu'il faut pour la débiter au public.

— Voilà bien le langage d'un ancien imprimeur !

— Qui me chasse de ma terre ? continua l'imprimeur en colère. Les prêtres que Napoléon a rappelés par son concordat, au lieu de les traiter comme l'État traite les médecins, les avocats, les astronomes, de ne voir en eux que des citoyens, sans s'inquiéter de l'industrie par laquelle ils cherchent à gagner leur vie. Y aurait-il aujourd'hui des gentilshommes insolens, si ton Bonaparte n'eût fait des barons et des comtes ? Non, la mode en était passée. Après les prêtres, ce sont les petits nobles campagnards qui m'ont donné le plus d'humeur, et m'ont forcé à me faire libéral.

La conversation fut infinie, ce texte va occuper la France encore un demi-siècle. Comme Saint-Giraud répétait toujours qu'il était impossible de vivre en province, Julien proposa timidement l'exemple de M. de Rênal.

— Parbleu ! jeune homme, vous êtes bon ! s'écria Falcoz ; il s'est fait marteau pour n'être pas enclume, et un terrible marteau encore. Mais je le vois débordé par le Valenod. Connaissez-vous ce coquin-là? voilà le véritable. Que dira votre M. de Rênal lorsqu'il se verra destitué un de ces quatre matins, et le Valenod mis à sa place?

— Il restera tête à tête avec ses crimes, dit Saint-Giraud. Vous connaissez donc Verrières, jeune homme? Hé bien! Bonaparte, que le ciel confonde, lui et ses friperies monarchiques, a rendu possible le règne des Rênal et des Chélan, qui a amené le règne des Valenod et des Maslon.

Cette conversation d'une sombre politique étonnait Julien, et le distrayait de ses rêveries voluptueuses.

Il fut peu sensible au premier aspect de Paris aperçu dans le lointain. Les châteaux en Espagne sur son sort à venir avaient à lutter avec le souvenir encore présent des vingt-quatre heures qu'il venait de passer à Verrières. Il se jurait de ne jamais abandonner les enfans de son amie, et de tout quitter pour les protéger, si les impertinences des prêtres nous donnent la république et les persécutions contre les nobles.

Que serait-il arrivé la nuit de son arrivée à Verrières, si, au moment où il appuyait son échelle contre la croisée de la chambre à coucher de madame de Rênal, il avait trouvé cette chambre occupée par un étranger, ou par M. de Rênal?

Mais aussi quelles délices, les deux premières

heures, quand son amie voulait sincèrement le renvoyer et qu'il plaidait sa cause assis auprès d'elle dans l'obscurité! Une âme comme celle de Julien est suivie par de tels souvenirs durant toute une vie. Le reste de l'entrevue se confondait déjà avec les premières époques de leurs amours, quatorze mois auparavant.

Julien fut réveillé de sa rêverie profonde, parce que la voiture s'arrêta. On venait d'entrer dans la cour des postes, rue J.-J.-Rousseau. — Je veux aller à la Malmaison, dit-il à un cabriolet qui s'approcha.

— A cette heure, monsieur, et pourquoi faire?
— Que vous importe, marchez.

Toute vraie passion ne songe qu'à elle. C'est pourquoi, ce me semble, les passions sont si ridicules à Paris, où le voisin prétend toujours qu'on pense beaucoup à lui. Je me garderai de raconter les transports de Julien à la Malmaison. Il pleura. Quoi! malgré les vilains murs blancs construits cette année et qui coupent ce parc en morceaux? — Oui, monsieur; pour Julien comme pour la postérité, il n'y avait rien entre Arcole, Sainte-Hélène et la Malmaison.

Le soir Julien hésita beaucoup avant d'entrer au spectacle, il avait des idées étranges sur ce lieu de perdition.

Une profonde méfiance l'empêcha d'admirer le Paris vivant, il n'était touché que des monumens laissés par son héros.

Me voici donc dans le centre de l'intrigue et de l'hypocrisie! Ici règnent les protecteurs de l'abbé de Frilair.

Le soir du troisième jour, la curiosité l'emporta sur le projet de tout voir avant de se présenter à l'abbé Pirard. Cet abbé lui expliqua, d'un ton froid, le genre de vie qui l'attendait chez M. de La Mole.

— Si au bout de quelques mois vous n'êtes pas utile, vous rentrerez au séminaire, mais par la bonne porte. Vous allez loger chez le marquis, l'un des plus grands seigneurs de France. Vous porterez l'habit noir, mais comme un homme qui est en deuil, et non pas comme un ecclésiastique. J'exige que trois fois la semaine vous suiviez vos études en théologie dans un séminaire où je vous ferai présenter. Chaque jour à midi vous vous établirez dans la bibliothèque du marquis, qui compte vous employer à faire des lettres pour des procès et d'autres affaires. Le marquis écrit en deux mots, en marge de chaque lettre qu'il reçoit, le genre de réponse qu'il faut y faire. J'ai prétendu qu'au bout de trois mois, vous seriez en état de faire ces réponses, de façon que sur douze que vous présenterez à la signature du marquis, il puisse en signer huit ou neuf. Le soir à huit heures, vous mettrez son bureau en ordre, et à dix vous serez libre.

Il se peut, continua l'abbé Pirard, que quelque

vieille dame ou quelque homme au ton doux, vous fasse entrevoir des avantages immenses, ou tout grossièrement vous offre de l'or, pour lui montrer les lettres reçues par le marquis....

— Ah! monsieur! s'écria Julien rougissant.

— Il est singulier, dit l'abbé avec un sourire amer, que pauvre comme vous l'êtes, et après une année de séminaire, il vous reste encore de ces indignations vertueuses. Il faut que vous ayez été bien aveugle!

Serait-ce la force du sang? se dit l'abbé à demi-voix et comme se parlant à soi-même. Ce qu'il y a de singulier, ajouta-t-il en regardant Julien, c'est que le marquis vous connaît.... Je ne sais comment. Il vous donne pour commencer cent louis d'appointemens. C'est un homme qui n'agit que par caprices, c'est là son défaut; il luttera d'enfantillages avec vous. S'il est content, vos appointemens pourront s'élever par la suite jusqu'à huit mille francs.

Mais vous sentez bien, reprit l'abbé d'un ton aigre, qu'il ne vous donne pas tout cet argent pour vos beaux yeux. Il s'agit d'être utile. A votre place, moi, je parlerais très-peu, et surtout je ne parlerais jamais de ce que j'ignore.

Ah! dit l'abbé, j'ai pris des informations pour vous; j'oubliais la famille de M. de La Mole. Il a deux enfans, une fille, et un fils de dix-neuf ans, élégant par excellence, espèce de fou, qui ne sait jamais à midi ce qu'il fera à deux heures. Il a de l'esprit, de la bravoure ; il a fait la guerre d'Espagne. Le marquis espère, je ne sais pourquoi, que vous deviendrez l'ami du jeune comte Norbert. J'ai dit que vous étiez un grand latiniste : peut-être compte-t-il que vous apprendrez à son fils quelques phrases toutes faites, sur Cicéron et Virgile.

A votre place, je ne me laisserais jamais plaisanter par ce beau jeune homme ; et, avant de céder à ses avances parfaitement polies, mais un peu gâtées par l'ironie, je me les ferais répéter plus d'une fois.

Je ne vous cacherai pas que le jeune comte de La Mole doit vous mépriser d'abord, parce que vous n'êtes qu'un petit bourgeois. Son aïeul à lui était de la cour, et eut l'honneur d'avoir la tête tranchée en place de Grève, le 26 avril 1574, pour une intrigue politique. Vous, vous êtes le fils d'un charpentier de Verrières, et de plus aux gages de son père. Pesez bien ces différences, et étudiez l'histoire de cette famille dans Moreri ; tous les flatteurs qui dînent chez eux y font de temps en temps ce qu'ils appellent des allusions délicates.

Penez garde à la façon dont vous répondrez aux plaisanteries de M. le comte Norbert de La Mole, chef d'escadron de hussards et futur pair de France, et ne venez pas me faire des doléances par la suite.

— Il me semble, dit Julien, en rougissant beaucoup, que je ne devrais pas même répondre à un homme qui me méprise.

— Vous n'avez pas d'idée de ce mépris-là ; il ne se montrera que par des complimens exagérés. Si vous étiez un sot, vous pourriez vous y laisser prendre ; si vous vouliez faire fortune, vous devriez vous y laisser prendre.

— Le jour où tout cela ne me conviendra plus, dit Julien, passerai-je pour un ingrat, si je retourne à ma petite cellule n° 103?

— Sans doute, répondit l'abbé, tous les complaisans de la maison vous calomnieront ; mais je paraîtrai, moi. *Adsum qui feci*. Je dirai que c'est de moi que vient cette résolution.

Julien était navré du ton amer et presque méchant qu'il remarquait chez M. Pirard ; ce ton gâtait tout à fait sa dernière réponse.

Le fait est que l'abbé se faisait un scrupule de conscience d'aimer Julien, et c'est avec une sorte de terreur religieuse qu'il se mêlait aussi directement du sort d'un autre.

— Vous verrez encore, ajouta-t-il avec la même mauvaise grâce, et comme accomplissant un devoir pénible, vous verrez madame la marquise de La Mole. C'est une grande femme blonde, dévote, hautaine, parfaitement polie, et encore plus insignifiante. Elle est fille du vieux duc de Chaulnes, si connu par ses préjugés nobiliaires. Cette grande dame est une sorte d'abrégé, en haut relief, de ce qui fait au fond le caractère des femmes de son rang. Elle ne cache pas, elle, qu'avoir eu des ancêtres qui soient allés aux croisades est le seul avantage qu'elle estime. L'argent ne vient que longtemps après : cela vous étonne? nous ne sommes plus en province, mon ami.

Vous verrez dans son salon plusieurs grands seigneurs parler de nos provinces avec un ton de légèreté singulier. Pour madame de La Mole, elle baisse la voix par respect toutes les fois qu'elle nomme un prince et surtout une princesse. Je ne vous conseillerais pas de dire devant elle que Philippe II ou Henri VIII furent des monstres. Ils ont été rois, ce qui leur donne des droits imprescriptibles aux respects de tous et surtout aux respects d'êtres sans naissance, tels que vous et moi. Cependant, ajouta M. Pirard, nous sommes prêtres, car elle vous prendra pour tel; à ce titre, elle nous considère comme des valets de chambre nécessaires à son salut.

— Monsieur, dit Julien, il me semble que je ne serai pas longtemps à Paris.

— A la bonne heure; mais remarquez qu'il n'y a de fortune pour un homme de notre robe, que par les grands seigneurs. Avec ce je ne sais quoi d'indéfinissable, du moins pour moi, qu'il y a dans votre caractère, si vous ne faites pas fortune, vous serez persécuté; il n'y a pas de moyen terme pour vous. Ne vous abusez pas. Les hommes voient qu'ils ne vous font pas plaisir en vous adressant la parole; dans un pays social comme celui-ci, vous êtes voué au malheur, si vous n'arrivez pas aux respects.

Que seriez-vous devenu à Besançon, sans ce caprice du marquis de La Mole? Un jour, vous comprendrez toute la singularité de ce qu'il fait pour vous, et, si vous n'êtes pas un monstre, vous aurez pour lui et sa famille une éternelle reconnaissance. Que de pauvres abbés, plus savans que vous, ont vécu des années à Paris, avec les quinze sous de leur messe et les dix sous de leurs argumens en Sorbonne!... Rappelez-vous ce que je vous contais, l'hiver dernier, des premières années de ce mauvais sujet de cardinal Dubois. Votre orgueil se croirait-il par hasard plus de talent que lui?

Moi, par exemple, homme tranquille et médiocre, je comptais mourir dans mon séminaire; j'ai eu l'enfantillage de m'y attacher. Eh bien! j'allais être destitué quand j'ai donné ma démission. Savez-vous quelle était ma fortune? j'avais cinq cent vingt francs de capital, ni plus ni moins; pas un ami, à peine deux ou trois connaissances. M. de La Mole, que je n'avais jamais vu, m'a tiré de ce mauvais pas; il n'a eu qu'un mot à dire, et l'on m'a donné une cure dont tous les paroissiens sont des gens aisés, au-dessus des vices grossiers, et le revenu me fait honte, tant il est peu proportionné à mon travail. Je ne vous ai parlé aussi longtemps que pour mettre un peu de plomb dans cette tête.

Encore un mot : j'ai le malheur d'être irascible; il est possible que vous et moi nous cessions de nous parler.

Si les hauteurs de la marquise, ou les mauvaises plaisanteries de son fils, vous rendent cette maison décidément insupportable, je vous conseille de finir vos études dans quelque séminaire à trente lieues de Paris, et plutôt au nord qu'au midi. Il y a au nord plus de civilisation et moins d'injustices; et, ajouta-t-il en baissant la voix, il faut que je l'avoue, le voisinage des journaux de Paris fait peur aux petits tyrans.

Si nous continuons à trouver du plaisir à nous voir, et que la maison du marquis ne vous convienne pas, je vous offre la place de mon vicaire, et je partagerai par moitié avec vous ce que rend cette cure. Je vous dois cela et plus encore, ajouta-t-il en interrompant les remercîmens de Julien, pour l'offre singulière que vous m'avez faite à Besançon. Si au lieu de cinq cent vingt francs, je n'avais rien eu, vous m'eussiez sauvé.

L'abbé avait perdu son ton de voix cruel. A sa grande honte, Julien se sentit les larmes aux yeux ; il mourait d'envie de se jeter dans les bras de son ami : il ne put s'empêcher de lui dire, de l'air le plus mâle qu'il put affecter :

— J'ai été haï de mon père, depuis le berceau ; c'était un de mes grands malheurs ; mais je ne me plaindrai plus du hasard : j'ai retrouvé un père en vous, monsieur.

— C'est bon, c'est bon, dit l'abbé embarrassé ; puis rencontrant fort à propos un mot de directeur de séminaire : il ne faut jamais dire le hasard, mon enfant ; dites toujours la Providence.

Le fiacre s'arrêta ; le cocher souleva le marteau de bronze d'une porte immense : c'était l'hotel de la mole ; et, pour que les passans ne pussent en douter, ces mots se lisaient sur un marbre noir au-dessus de la porte.

Cette affectation déplut à Julien. Ils ont tant de peur des jacobins ! Ils voient un Robespierre et sa charrette derrière chaque haie ; ils en sont souvent à mourir de rire, et ils affichent ainsi leur maison, pour que la canaille la reconnaisse en cas d'émeute, et la pille. Il communiqua sa pensée à l'abbé Pirard.

— Ah ! pauvre enfant, vous serez bientôt mon vicaire. Quelle épouvantable idée vous est venue là !

— Je ne trouve rien de si simple, dit Julien.

La gravité du portier, et surtout la propreté de la cour, l'avaient frappé d'admiration. Il faisait un beau soleil.

— Quelle architecture magnifique! dit-il à son ami.

Il s'agissait d'un de ces hôtels à façade si plate du faubourg Saint-Germain, bâtis vers le temps de la mort de Voltaire. Jamais la mode et le beau n'ont été si loin l'un de l'autre.

CHAPITRE XXXII

ENTRÉE DANS LE MONDE

> Souvenir ridicule et touchant : Le premier salon où, à dix-huit ans, l'on a paru seul et sans appui ! le regard d'une femme suffisait pour m'intimider. Plus je voulais plaire, plus je devenais gauche : je me faisais de tout les idées les plus fausses ; ou je me livrais sans motifs, ou je voyais dans un homme un ennemi parce qu'il m'avait regardé d'un air grave. Mais alors, au milieu des affreux malheurs de ma timidité, qu'un beau jour était beau !
>
> KANT.

Dubouchet inv sculp.

XXXII

Julien s'arrêtait ébahi au milieu de la cour.
— Ayez donc l'air raisonnable, dit l'abbé Pirard ; il vous vient des idées horribles, et puis vous n'êtes qu'un enfant ! où est le *nil mirari* d'Horace ? (Jamais d'enthousiasme.) Songez que ce peuple de laquais, vous voyant établi ici, va chercher à se moquer de vous ; ils verront en vous un égal, mis injustement au-dessus d'eux. Sous les dehors de la bonhomie, des bons conseils, du désir de vous guider, ils vont essayer

de vous faire tomber dans quelque grosse balourdise.

— Je les en défie, dit Julien en se mordant la lèvre, et il reprit toute sa méfiance.

Les salons que ces messieurs traversèrent au premier étage, avant d'arriver au cabinet du marquis, vous eussent semblé, ô mon lecteur, aussi tristes que magnifiques. On vous les donnerait tels qu'ils sont, que vous refuseriez de les habiter; c'est la patrie du bâillement et du raisonnement triste. Ils redoublèrent l'enchantement de Julien. Comment peut-on être malheureux, pensait-il, quand on habite un séjour aussi splendide!

Enfin ces messieurs arrivèrent à la plus laide des pièces de ce superbe appartement, à peine s'il y faisait jour; là se trouva un petit homme maigre à l'œil vif et en perruque blonde. L'abbé se retourna vers Julien et le présenta. C'était le marquis. Julien eut beaucoup de peine à le reconnaître, tant il lui trouva l'air poli. Ce n'était plus le grand seigneur, à mine si altière, de l'abbaye de Bray-le-Haut. Il sembla à Julien que sa perruque avait beaucoup trop de cheveux. A l'aide de cette sensation, il ne fut point du tout intimidé. Le descendant de l'ami de Henri III lui parut d'abord avoir une tournure assez mesquine. Il était fort maigre et s'agitait beaucoup. Mais il remarqua bientôt que le marquis avait une politesse encore plus agréable à l'interlocuteur que celle de l'évêque de Besançon lui-même. L'audience ne dura pas trois minutes. En sortant, l'abbé dit à Julien :

— Vous avez regardé le marquis comme vous eussiez fait un tableau. Je ne suis pas un grand grec dans ce que ces gens-ci appellent la politesse, bientôt vous en saurez plus que moi, mais enfin la hardiesse de votre regard m'a semblé peu polie.

On était remonté en fiacre ; le cocher arrêta près du boulevard : l'abbé introduisit Julien dans une suite de grands salons. Julien remarqua qu'il n'y avait pas de meubles. Il regardait une magnifique pendule dorée, représentant un sujet très indécent selon lui, lorsqu'un monsieur fort élégant s'approcha d'un air riant. Julien fit un demi-salut.

Le monsieur sourit et lui mit la main sur l'épaule. Julien tressaillit et fit un saut en arrière. Il rougit de colère. L'abbé Pirard, malgré sa gravité, rit aux larmes. Le monsieur était un tailleur.

— Je vous rends votre liberté pour deux jours, lui dit l'abbé en sortant ; c'est alors seulement que vous pourrez être présenté à madame de La Mole. Un autre vous garderait comme une jeune fille, en ces premiers momens de votre séjour dans cette nouvelle Babylone. Perdez-vous tout de suite si vous avez à vous perdre, et je serai délivré de la faiblesse que j'ai de penser à vous. Après demain matin, ce tailleur vous portera deux habits; vous donnerez cinq francs au garçon qui vous les essaiera. Du reste, ne faites pas connaître le son de votre voix à ces Parisiens-là. Si vous dites un mot, ils trouveront le secret de se moquer de vous. C'est leur talent. Après-demain soyez chez moi à midi... Allez, perdez-vous... J'oubliais, allez commander des bottes, des chemises, un chapeau aux adresses que voici.

Julien regardait l'écriture de ces adresses.

— C'est la main du marquis, dit l'abbé; c'est un homme actif qui prévoit tout, et qui aime mieux faire que commander. Il vous prend auprès de lui pour que vous lui épargniez ce genre de peines. Aurez-vous assez d'esprit pour bien exécuter toutes les choses que cet homme vif vous indiquera à demi-mot? C'est ce que montrera l'avenir : gare à vous!

Julien entra, sans dire un seul mot, chez les ouvriers indiqués par les adresses; il remarqua qu'il en était reçu avec respect, et le bottier, en écrivant son nom sur son registre, mit M. Julien de Sorel.

Au cimetière du Père-Lachaise, un monsieur fort obligeant, et encore plus libéral dans ses propos, s'offrit pour indiquer à Julien le tombeau du maréchal Ney, qu'une politique savante prive de l'honneur d'une épitaphe. Mais en se séparant de ce libéral, qui, les larmes aux yeux, le serrait presque dans ses bras, Julien n'avait plus de montre. Ce fut riche de cette expérience que le surlendemain, à midi, il se présenta à l'abbé Pirard, qui le regarda beaucoup.

— Vous allez peut-être devenir un fat, lui dit l'abbé d'un air sévère. Julien avait l'air d'un fort jeune homme, en grand deuil ; il était à la vérité très bien, mais le bon abbé était trop provincial lui-même pour voir que Julien avait encore cette démarche des épaules qui en province est à la fois élégance et importance. En voyant Julien, le marquis jugea ses grâces d'une manière si différente de celle du bon abbé, qu'il lui dit :

— Auriez-vous quelque objection à ce que M. Sorel prît des leçons de danse ? L'abbé resta pétrifié.

— Non, répondit-il enfin, Julien n'est pas prêtre.

Le marquis, montant deux à deux les marches d'un petit escalier dérobé, alla lui-même installer notre héros dans une jolie mansarde qui donnait sur l'immense jardin de l'hôtel. Il lui demanda combien il avait pris de chemises chez la lingère.

— Deux, répondit Julien, intimidé de voir un si grand seigneur descendre à ces détails.

— Fort bien, reprit le marquis d'un air sérieux et avec un certain ton impératif et bref, qui donna à penser à Julien, fort bien! prenez encore vingt-deux chemises. Voici le premier quartier de vos appointemens.

En descendant de la mansarde, le marquis appela un homme âgé : — Arsène, lui dit-il, vous servirez M. Sorel. Peu de minutes après, Julien se trouva seul dans une bibliothèque magnifique; ce moment fut délicieux. Pour n'être pas surpris dans son émotion, il alla se cacher dans un petit coin sombre; de là il contemplait avec ravissement le dos brillant des livres : Je pourrai lire tout cela, se disait-il. Et comment me déplairais-je ici? M. de Rênal se serait cru déshonoré à jamais de la centième partie de ce que le marquis de La Mole vient de faire pour moi.

Mais, voyons les copies à faire. Cet ouvrage terminé, Julien osa s'approcher des livres, il faillit devenir fou de joie en trouvant une édition de Voltaire. Il courut ouvrir la porte de la bibliothèque pour n'être pas surpris. Il se donna ensuite le plaisir d'ouvrir chacun des quatre-vingts volumes. Ils étaient reliés magnifiquement, c'était le chef-d'œuvre du meilleur ouvrier de Londres. Il n'en fallait pas tant pour porter au comble l'admiration de Julien.

Une heure après, le marquis entra, regarda les copies, et remarqua avec étonnement que Julien écrivait *cela* avec deux ll : *cella*. Tout ce que l'abbé m'a dit de sa science serait-il tout simplement un conte! Le marquis, fort découragé, lui dit avec douceur :

— Vous n'êtes pas sûr de votre orthographe?

— Il est vrai, dit Julien, sans songer le moins du monde au tort qu'il se faisait; il était attendri des bontés du marquis, qui lui rappelait le ton rogue de M. de Rênal.

C'est du temps perdu que toute cette expérience de petit abbé franc-comtois, pensa le marquis; mais j'avais un si grand besoin d'un homme sûr!

— *Cela* ne s'écrit qu'avec une *l*, lui dit le marquis; quand vos copies seront terminées, cherchez dans le dictionnaire les mots de l'orthographe desquels vous ne serez pas sûr.

A six heures le marquis le fit demander, il regarda avec une peine évidente les bottes de Julien : — J'ai un tort à me reprocher : je ne vous ai pas dit que tous les jours, à cinq heures et demie, il faut vous habiller.

Julien le regardait sans comprendre. — Je veux dire mettre des bas, Arsène vous en fera souvenir; aujourd'hui je ferai vos excuses.

En achevant ces mots, M. de La Mole faisait passer Julien dans un salon resplendissant de dorures. Dans les occasions semblables, M. de Rênal ne manquait jamais de doubler le pas pour avoir l'avantage de passer le premier à la porte. La petite vanité de son ancien patron fit que Julien marcha sur les pieds du marquis, et lui fit beaucoup de mal à cause de sa goutte. Ah! il est balourd par-dessus le marché, se dit celui-ci. Il le présenta à une femme de haute taille et d'un aspect imposant. C'était la marquise. Julien lui trouva l'air impertinent, un peu comme madame de Maugiron, la sous-préfète de l'arrondissement de Verrières, quand elle assistait au dîner de la Saint-Charles. Un peu troublé de l'extrême magnificence du salon, Julien n'entendit pas ce que disait M. de La Mole. La marquise daigna à peine le regarder. Il y avait quelques hommes, parmi lesquels Julien reconnut avec un plaisir indicible le jeune évêque d'Agde, qui avait daigné lui parler quelques mois auparavant à la cérémonie de Bray-le-Haut. Ce jeune prélat fut effrayé sans doute des yeux tendres que fixait sur lui la timidité de Julien, et ne se soucia point de reconnaître ce provincial.

Les hommes réunis dans ce salon semblèrent à Julien avoir quelque chose de triste et de contraint; on parle bas à Paris, et l'on n'exagère pas les petites choses.

Un joli jeune homme, avec des moustaches, très-pâle et très-élancé, entra vers les six heures et demie; il avait une tête fort petite.

— Vous vous ferez toujours attendre, dit la marquise, à laquelle il baisait la main.

Julien comprit que c'était le comte de La Mole.

Il le trouva charmant dès le premier abord.

Est-il possible, se dit-il, que ce soit là l'homme dont les plaisanteries offensantes doivent me chasser de cette maison !

A force d'examiner le comte Norbert, Julien remarqua qu'il était en bottes et en éperons ; et moi je dois être en souliers, apparemment comme inférieur. On se mit à table. Julien entendit la marquise qui disait un mot sévère, en élevant un peu la voix. Presque en même temps il aperçut une jeune personne extrêmement blonde et fort bien faite, qui vint s'asseoir vis-à-vis de lui. Elle ne lui plut point ; cependant, en la regardant attentivement, il pensa qu'il n'avait jamais vu des yeux aussi beaux ; mais ils annonçaient une grande froideur d'âme. Par la suite Julien trouva qu'ils avaient l'expression de l'ennui qui examine, mais qui se souvient de l'obligation d'être imposant. Madame de Rênal avait cependant de bien beaux yeux, se disait-il, le monde lui en faisait compliment ; mais ils n'avaient rien de commun avec ceux-ci. Julien n'avait pas assez d'usage pour distinguer que c'était du feu de la saillie, que brillaient de temps en temps les yeux de mademoiselle Mathilde, c'est ainsi qu'il l'entendit nommer. Quand les yeux de madame de Rênal s'animaient, c'était du feu des passions, ou par l'effet d'une indignation généreuse au récit de quelque action méchante. Vers la fin du repas,

Julien trouva un mot pour exprimer le genre de beauté des yeux de mademoiselle de La Mole : Ils sont scintillans, se dit-il. Du reste, elle ressemblait cruellement à sa mère, qui lui déplaisait de plus en plus, et il cessa de la regarder. En revanche, le comte Norbert lui semblait admirable de tous points. Julien était tellement séduit, qu'il n'eut pas l'idée d'en être jaloux et de le haïr, parce qu'il était plus riche et plus noble que lui.

Julien trouva que le marquis avait l'air de s'ennuyer.

Vers le second service, il dit à son fils : — Norbert, je te demande tes bontés pour M. Julien Sorel, que je viens de prendre à mon état-major, et dont je prétends faire un homme, si *cella* se peut.

C'est mon secrétaire, dit le marquis à son voisin, et il écrit *cela* avec deux *ll*.

Tout le monde regarda Julien, qui fit une inclination de tête un peu trop marquée à Norbert; mais en général on fut content de son regard.

Il fallait que le marquis eût parlé du genre d'éducation que Julien avait reçue, car un des convives l'attaqua sur Horace : C'est précisément en parlant d'Horace que j'ai réussi auprès de l'évêque de Besançon, se dit Julien, apparemment qu'ils ne connaissent que cet auteur. A partir de cet instant il fut maître de lui. Ce mouvement fut rendu facile, parce qu'il venait de décider que mademoiselle de La Mole ne serait jamais une femme à ses yeux. Depuis le séminaire il mettait les hommes au pis, et se laissait difficilement intimider par eux. Il eût joui de tout son sang-froid, si la salle à manger eût été meublée avec moins de magnificence. C'était dans le fait deux glaces de huit pieds de haut chacune, et dans lesquelles il regardait quelquefois son interlocuteur en parlant d'Horace, qui lui imposaient encore. Ses phrases n'étaient pas trop longues pour un provincial. Il avait de beaux yeux, dont la timidité tremblante ou heureuse, quand il avait bien répondu, redoublait l'éclat. Il fut trouvé agréable. Cette sorte d'examen jetait un peu d'intérêt dans un dîner grave. Le marquis engagea, par un signe, l'interlocuteur de Julien à le pousser vivement. Serait-il possible qu'il sût quelque chose? pensait-il.

Julien répondit en inventant ses idées, et perdit assez de sa timidité pour montrer, non pas de l'esprit, chose impossible à qui ne sait pas la langue dont on se sert à Paris, mais il eut des idées nouvelles, quoique présentées sans grâce ni à-propos, et l'on vit qu'il savait parfaitement le latin.

L'adversaire de Julien était un académicien des Inscriptions, qui par hasard savait le latin; il trouva en Julien un très bon humaniste, n'eut plus la crainte de le faire rougir, et chercha réellement à l'embarrasser. Dans la chaleur du combat, Julien oublia enfin l'ameublement magnifique de la salle à manger ; il en vint à exposer sur les poëtes latins des idées que l'interlocuteur n'avait lues nulle part. En honnête homme il en fit honneur au jeune secrétaire. Par bonheur on entama une discussion sur la question de savoir si Horace a été pauvre ou riche : un homme aimable, voluptueux et insouciant faisant des vers pour s'amuser, comme Chapelle, l'ami de Molière et de La Fontaine, ou un pauvre diable de poëte lauréat, suivant la cour et faisant des odes pour le jour de naissance du roi, comme Southey l'accusateur de lord Byron. On parla de l'état de la société sous Auguste et sous Georges IV ; aux deux époques l'aristocratie était toute-puissante ; mais, à Rome, elle se voyait arracher le pouvoir par Mécène, qui n'était que simple chevalier ; et en Angleterre elle avait réduit Georges IV à peu près à l'état d'un doge de Venise. Cette discussion sembla tirer le marquis de l'état de torpeur où l'ennui le plongeait au commencement du dîner.

Julien ne comprenait rien à tous les noms modernes, comme Southey, lord Byron, Georges IV, qu'il entendait prononcer pour la première fois. Mais il n'échappa à personne que toutes les fois qu'il était question de faits passés à Rome, et dont la connaissance pouvait se déduire des œuvres d'Horace, de Martial, de Tacite, etc., il avait une incontestable supériorité. Julien s'empara sans façon de plusieurs idées qu'il avait apprises de l'évêque de Besançon, dans la fameuse discussion qu'il avait eue avec ce prélat; ce ne furent pas les moins goûtées.

Lorsque l'on fut las de parler de poëtes, la marquise, qui se faisait une loi d'admirer tout ce qui amusait son mari, daigna regarder Julien. — Les manières gauches de ce jeune abbé cachent peut-être un homme instruit, dit à la marquise l'académicien qui se trouvait près d'elle; et Julien en entendit quelque chose. Les phrases toutes faites convenaient assez à l'esprit de la maîtresse de la maison; elle adopta celle-ci sur Julien, et se sut bon gré d'avoir engagé l'académicien à dîner. Il amuse M. de La Mole, pensait-elle.

CHAPITRE XXXIII

LES PREMIERS PAS

> Cette immense vallée remplie de lumières éclatantes et de tant de milliers d'hommes éblouit ma vue. Pas un ne me connaît, tous me sont supérieurs. Ma tête se perd.
> *Poemi dell' av.* Reina.

Dubouchet inv sculp.

XXXIII

Le lendemain de fort bonne heure, Julien faisait des copies de lettres dans la bibliothèque, lorsque mademoiselle Mathilde y entra par une petite porte de dégagement, fort bien cachée avec des dos de livres. Pendant que Julien admirait cette invention, mademoiselle Mathilde paraissait fort étonnée et assez contrariée de le rencontrer là. Julien lui trouva en papillotes l'air dur, hautain et presque masculin. Mademoiselle de La Mole avait le secret de voler des livres dans la bibliothèque de son père, sans qu'il y parût. La présence de Julien rendait inutile sa course de ce matin, ce qui la contraria d'autant plus, qu'elle venait chercher le second volume de la Princesse de Babylone de Voltaire, digne complément d'une éducation éminemment monarchique et religieuse, chef-d'œuvre du Sacré-Cœur! Cette pauvre fille, à dix-neuf ans, avait déjà besoin du piquant de l'esprit pour s'intéresser à un roman.

Le comte Norbert parut dans la bibliothèque vers les trois heures; il venait étudier un journal, pour pouvoir parler politique le soir, et fut bien aise de rencontrer Julien, dont il avait oublié l'existence. Il fut parfait pour lui; il lui offrit de monter à cheval.

— Mon père nous donne congé jusqu'au dîner.

Julien comprit ce *nous* et le trouva charmant.

— Mon Dieu, monsieur le comte, dit Julien, s'il s'agissait d'abattre un arbre de quatre-vingts pieds de haut, de l'équarrir et d'en faire des planches, je m'en tirerais bien, j'ose le dire, mais monter à cheval, cela ne m'est pas arrivé six fois en ma vie.

— Eh bien, ce sera la septième, dit Norbert.

Au fond, Julien se rappelait l'entrée du roi de ***, à Verrières, et croyait monter à cheval supérieurement. Mais, en revenant du bois de Boulogne, au beau milieu de la rue du Bac, il tomba en voulant éviter brusquement un cabriolet et se couvrit de boue. Bien lui prit d'avoir deux habits. Au dîner, le marquis, voulant lui adresser la parole, lui demanda des nouvelles de sa promenade; Norbert se hâta de répondre en termes généraux.

— M. le comte est plein de bontés pour moi, reprit Julien, je l'en remercie et j'en sens tout le prix. Il a daigné me faire donner le cheval le plus doux et le plus joli; mais enfin il ne pouvait pas m'y attacher, et, faute de cette précaution, je suis tombé au beau milieu de cette rue si longue, près du pont. Mademoiselle Mathilde essaya en vain de dissimuler un éclat de rire; ensuite son indiscrétion demanda des détails. Julien s'en tira avec beaucoup de simplicité; il eut de la grâce sans le savoir.

— J'augure bien de ce petit prêtre, dit le marquis à l'académicien; un provincial simple en pareille occurrence! c'est ce qui ne s'est jamais vu et ne se verra plus; et encore il raconte son malheur devant des *dames!*

Julien mit tellement les auditeurs à leur aise sur son infortune, qu'à la fin du dîner, lorsque la conversation générale eut pris un autre cours, mademoiselle Mathilde faisait des questions à son frère sur les détails de l'événement malheureux. Ses questions se prolongeant, et Julien rencontrant ses yeux plusieurs fois, il osa répondre directement, quoiqu'il ne fût pas interrogé, et tous trois finirent par rire, comme auraient pu faire trois jeunes habitans d'un village au fond d'un bois.

Le lendemain, Julien assista à deux cours de théologie, et revint ensuite transcrire une vingtaine de lettres. Il trouva établi près de lui, dans la bibliothèque, un jeune homme mis avec beaucoup de soin, mais la tournure était mesquine, et la physionomie celle de l'envie.

Le marquis entra. — Que faites-vous ici, monsieur Tanbeau? dit-il au nouveau venu d'un ton sévère.

— Je croyais..., reprit le jeune homme en souriant bassement.

— Non, monsieur, vous *ne croyiez pas*. Ceci est un essai, mais il est malheureux.

Le jeune Tanbeau se leva furieux et disparut. C'était un neveu de l'académicien ami de madame de La Mole, il se destinait aux lettres. L'académicien avait obtenu que le marquis le prendrait pour secrétaire. Tanbeau, qui travaillait dans une chambre écartée, ayant su la faveur dont Julien était l'objet, voulut la partager, et le matin il était venu établir son écritoire dans la bibliothèque.

A quatre heures Julien osa, après un peu d'hésitation, paraître chez le comte Norbert. Celui-ci allait monter à cheval, et fut embarrassé, car il était parfaitement poli.

— Je pense, dit-il à Julien, que bientôt vous irez au manège, et, après quelques semaines, je serai ravi de monter à cheval avec vous.

— Je voulais avoir l'honneur de vous remercier des bontés que vous avez eues pour moi ; croyez, monsieur, ajouta Julien, d'un air fort sérieux, que je sens tout ce que je vous dois. Si votre cheval n'est pas blessé par suite de ma maladresse d'hier, et s'il est libre, je désirerais le monter ce matin.

— Ma foi, mon cher Sorel, à vos risques et périls. Supposez que je vous ai fait toutes les objections que réclame la prudence ; le fait est qu'il est quatre heures, nous n'avons pas de temps à perdre.

Une fois qu'il fut à cheval : — Que faut-il faire pour ne pas tomber? dit Julien au jeune comte.

— Bien des choses, répondit Norbert, en riant aux éclats : par exemple tenir le corps en arrière.

Julien prit le grand trot. On était sur la place Louis XVI.

— Ah! jeune téméraire, dit Norbert, il y a trop de voitures, et encore menées par des imprudens! Une fois par terre, leurs tilburys vont vous passer sur le corps; ils n'iront pas risquer de gâter la bouche de leur cheval, en l'arrêtant tout court.

Vingt fois Norbert vit Julien sur le point de

tomber, mais enfin la promenade finit sans accident. En rentrant, le jeune comte dit à sa sœur :

— Je vous présente un hardi casse-cou.

A dîner, parlant à son père, d'un bout de la table à l'autre, il rendit justice à la hardiesse de Julien; c'était tout ce qu'on pouvait louer dans sa façon de monter à cheval. Le jeune comte avait entendu le matin les gens qui pansaient les chevaux dans la cour, prendre texte de la chute de Julien pour se moquer de lui outrageusement.

Malgré tant de bonté, Julien se sentit bientôt parfaitement isolé au milieu de cette famille. Tous les usages lui semblaient singuliers, et il manquait à tous. Ses bévues faisaient la joie des valets de chambre.

L'abbé Pirard était parti pour sa cure. Si Julien est un faible roseau, qu'il périsse; si c'est un homme de cœur, qu'il se tire d'affaire tout seul, pensait-il.

CHAPITRE XXXIV

L'HÔTEL DE LA MOLE

> Que fait-il ici? s'y plairait-il? pense-
> rait-il y plaire?
> RONSARD.

Dubouchet inv. sculp.

XXXIV

Si tout semblait étrange à Julien, dans le noble salon de l'hôtel de La Mole, ce jeune homme, pâle et vêtu de noir, semblait à son tour fort singulier aux personnes qui daignaient le remarquer. Madame de La Mole proposa à son mari de l'envoyer en mission les jours où l'on avait à dîner certains personnages.

— J'ai envie de pousser l'expérience jusqu'au bout, répondit le marquis. L'abbé Pirard prétend que nous avons tort de briser l'amour-propre des gens que nous admettons auprès de nous. *On ne s'appuie que sur ce qui résiste*, etc. Celui-ci n'est inconvenant que par sa figure inconnue, c'est du reste un sourd-muet.

Pour que je puisse m'y reconnaître, il faut, se dit Julien, que j'écrive les noms et un mot sur le caractère des personnages que je vois arriver dans ce salon.

Il plaça en première ligne cinq ou six amis de la maison, qui lui faisaient la cour à tout hasard, le croyant protégé par un caprice du marquis. C'étaient de pauvres hères, plus ou moins plats; mais il faut le dire à la louange de cette classe d'hommes, telle qu'on la trouve aujourd'hui dans les salons de l'aristocratie, ils n'étaient pas plats également pour tous. Tel d'entre eux se fût laissé malmener par le marquis, qui se fût révolté contre un mot dur à lui adressé par madame de La Mole.

Il y avait trop de fierté et trop d'ennui au fond du caractère des maîtres de la maison; ils étaient trop accoutumés à outrager, pour se désennuyer, pour qu'ils pussent espérer de vrais amis. Mais, excepté les jours de pluie et dans les momens d'ennui féroce, qui étaient rares, on les trouvait toujours d'une politesse parfaite.

Si les cinq ou six complaisans qui témoignaient une amitié si paternelle à Julien eussent déserté l'hôtel de La Mole, la marquise eût été exposée à de grands momens de solitude ; et, aux yeux des femmes de ce rang, la solitude est affreuse : c'est l'emblème de la *disgrâce*.

Le marquis était parfait pour sa femme ; il veillait à ce que son salon fût suffisamment garni ; non pas de pairs, il trouvait ses nouveaux collègues pas assez nobles pour venir chez lui comme amis, pas assez amusans pour y être admis comme subalternes.

Ce ne fut que bien plus tard que Julien pénétra ces secrets. La politique dirigeante qui fait l'entretien des maisons bourgeoises n'est abordée, dans celles de la classe du marquis, que dans les instans de détresse.

Tel est encore, même dans ce siècle ennuyé, l'empire de la nécessité de s'amuser, que même les jours de dîners, à peine le marquis avait-il quitté le salon, que tout le monde s'enfuyait. Pourvu qu'on ne plaisantât ni de Dieu, ni des prêtres, ni du roi, ni des gens en place, ni des artistes protégés par la cour, ni de tout ce qui est établi ; pourvu qu'on ne dît du bien ni de Béranger, ni des journaux de l'opposition, ni de Voltaire, ni de Rousseau, ni de tout ce qui se permet un peu de franc-parler ; pourvu surtout qu'on ne parlât jamais politique, on pouvait librement raisonner de tout.

Il n'y a pas de cent mille écus de rentes, ni de cordon bleu qui puissent lutter contre une telle charte de salon. La moindre idée vive semblait une grossièreté. Malgré le bon ton, la politesse parfaite, l'envie d'être agréable, l'ennui se lisait sur tous les fronts. Les jeunes gens qui venaient rendre des devoirs, ayant peur de parler de quelque chose qui fît soupçonner une pensée, ou de trahir quelque lecture prohibée, se taisaient après quelques mots bien élégans sur Rossini et le temps qu'il faisait.

Julien observa que la conversation était ordinairement maintenue vivante par deux vicomtes et cinq barons que M. de La Mole avait connus dans l'émigration. Ces messieurs jouissaient de six à huit mille livres de rente; quatre tenaient pour la *Quotidienne*, et trois pour la *Gazette de France*. L'un d'eux avait tous les jours à raconter quelque anecdote du Château où le mot *admirable* n'était pas épargné. Julien remarqua qu'il avait cinq croix, les autres n'en avaient en général que trois.

En revanche, on voyait dans l'antichambre dix laquais en livrée; et toute la soirée, on avait des glaces ou du thé tous les quarts d'heure; et, sur le minuit, une espèce de souper avec du vin de Champagne.

C'était la raison qui quelquefois faisait rester Julien jusqu'à la fin; du reste, il ne comprenait presque pas que l'on pût écouter sérieusement la conversation ordinaire de ce salon si magnifiquement doré. Quelquefois il regardait les interlocuteurs, pour voir si eux-mêmes ne se moquaient pas de ce qu'ils disaient. Mon M. de Maistre, que je sais par cœur, a dit cent fois mieux, pensait-il, et encore est-il bien ennuyeux.

Julien n'était pas le seul à s'apercevoir de l'asphyxie morale. Les uns se consolaient en prenant force glaces ; les autres par le plaisir de dire tout le reste de la soirée : Je sors de l'hôtel de La Mole, où j'ai su que la Russie, etc....

Julien apprit, d'un des complaisans, qu'il n'y avait pas encore six mois que madame de La Mole avait récompensé une assiduité de plus de vingt années, en faisant préfet le pauvre baron Le Bourguignon, sous-préfet depuis la Restauration.

Ce grand événement avait retrempé le zèle de tous ces messieurs; ils se seraient fâchés de bien peu de choses auparavant, ils ne se fâchèrent plus de rien. Rarement le manque d'égards était direct, mais Julien avait déjà surpris à table deux ou trois petits dialogues brefs, entre le marquis et sa femme, cruels pour ceux qui étaient placés auprès d'eux. Ces nobles personnages ne dissimulaient pas le mépris sincère pour tout ce qui n'était pas issu de gens *montant dans les carrosses du roi*. Julien observa que le mot *croisade* était le seul qui donnât à leur figure l'expression du sérieux profond mêlé de respect. Le respect ordinaire avait toujours une nuance de complaisance.

Au milieu de cette magnificence et de cet ennui, Julien ne s'intéressait à rien qu'à M. de La Mole; il l'entendit avec plaisir protester un jour qu'il n'était pour rien dans l'avancement de ce pauvre Le Bourguignon. C'était une attention pour la marquise, Julien savait la vérité par l'abbé Pirard.

Un matin que l'abbé travaillait avec Julien, dans la bibliothèque du marquis, à l'éternel procès de Frilair :

— Monsieur, dit Julien tout à coup, dîner tous les jours avec madame la marquise, est-ce un de mes devoirs, ou est-ce une bonté que l'on a pour moi?

— C'est un honneur insigne! reprit l'abbé, scandalisé. Jamais M. N... l'académicien, qui, depuis quinze ans, fait une cour assidue, n'a pu l'obtenir pour son neveu M. Tanbeau.

— C'est pour moi, monsieur, la partie la plus pénible de mon emploi. Je m'ennuyais moins au séminaire. Je vois bâiller quelquefois jusqu'à mademoiselle de La Mole, qui pourtant doit être accoutumée à l'amabilité des amis de la maison. J'ai peur de m'endormir. De grâce, obtenez-moi la permission d'aller dîner à quarante sous dans quelque auberge obscure.

L'abbé, véritable parvenu, était fort sensible

à l'honneur de dîner avec un grand seigneur. Pendant qu'il s'efforçait de faire comprendre ce sentiment par Julien, un bruit léger leur fit tourner la tête. Julien vit mademoiselle de La Mole qui écoutait. Il rougit. Elle était venue chercher un livre et avait tout entendu ; elle prit quelque considération pour Julien. Celui-là n'est pas né à genoux, pensa-t-elle, comme ce vieil abbé. Dieu ! qu'il est laid !

A dîner, Julien n'osait pas regarder mademoiselle de La Mole, mais elle eut la bonté de lui adresser la parole. Ce jour-là, on attendait beaucoup de monde, elle l'engagea à rester. Les jeunes filles de Paris n'aiment guère les gens d'un certain âge, surtout quand ils sont mis sans soin. Julien n'avait pas eu besoin de beaucoup de sagacité pour s'apercevoir que les collègues de M. Le Bourguignon, restés dans le salon, avaient l'honneur d'être l'objet ordinaire des plaisanteries de mademoiselle de La Mole. Ce jour-là, qu'il y eût ou non de l'affectation de sa part, elle fut cruelle pour les ennuyeux.

Mademoiselle de La Mole était le centre d'un petit groupe qui se formait presque tous les soirs derrière l'immense bergère de la marquise. Là, se trouvaient le marquis de Croisenois, le comte de Caylus, le vicomte de Luz et deux ou trois autres jeunes officiers amis de Norbert ou de sa sœur. Ces messieurs s'asseyaient sur un grand canapé bleu. A l'extrémité du canapé, opposée à celle qu'occupait la brillante Mathilde, Julien était placé silencieusement sur une petite chaise de paille assez basse. Ce poste modeste était envié par tous les complaisans; Norbert y maintenait décemment le jeune secrétaire de son père, en lui adressant la parole ou en le nommant une ou deux fois par soirée. Ce jour-là, mademoiselle de La Mole lui demanda quelle pouvait être la hauteur de la montagne sur laquelle est placée la citadelle de Besançon. Jamais Julien ne put dire si cette montagne était plus ou moins haute que Montmartre. Souvent il riait de grand cœur de ce qu'on disait dans ce petit groupe; mais il se sentait incapable de rien inventer de semblable. C'était comme une langue étrangère qu'il eût comprise, mais qu'il n'eût pu parler.

Les amis de Mathilde étaient ce jour-là en hostilité continue avec les gens qui arrivaient dans ce vaste salon. Les amis de la maison eurent d'abord la préférence, comme étant mieux connus. On peut juger si Julien était attentif; tout l'intéressait, et le fond des choses, et la manière d'en plaisanter.

— Ah! voici M. Descoulis, dit Mathilde, il n'a plus de perruque; est-ce qu'il voudrait arriver à la préfecture par le génie? il étale ce front chauve, qu'il dit rempli de hautes pensées.

— C'est un homme qui connaît toute la terre,

dit le marquis de Croisenois ; il vient aussi chez mon oncle le cardinal. Il est capable de cultiver un mensonge auprès de chacun de ses amis, pendant des années de suite, et il a deux ou trois cents amis. Il sait alimenter l'amitié, c'est son talent. Tel que vous le voyez, il est déjà crotté, à la porte d'un de ses amis, dès les sept heures du matin en hiver.

Il se brouille de temps en temps, et il écrit sept ou huit lettres pour la brouillerie. Puis il se réconcilie, et il a sept ou huit lettres pour les transports d'amitié. Mais c'est dans l'épanchement franc et sincère de l'honnête homme qui ne garde rien sur le cœur, qu'il brille le plus. Cette manœuvre paraît, quand il a quelque service à demander. Un des grands vicaires de mon oncle est admirable, quand il raconte la vie de M. Descoulis depuis la Restauration. Je vous l'amènerai.

— Bah! je ne croirais pas à ces propos, c'est jalousie de métier entre petites gens, dit le comte de Caylus.

— M. Descoulis aura un nom dans l'histoire, reprit le marquis ; il a fait la Restauration avec l'abbé de Pradt, et MM. de Talleyrand et Pozzo-di-Borgo.

— Cet homme a manié des millions, dit Norbert, et je ne conçois pas qu'il vienne ici embourser les épigrammes de mon père, souvent abominables. Combien avez-vous trahi de fois vos amis, mon cher Descoulis? lui criait-il, l'autre jour, d'un bout de la table à l'autre.

— Mais est-il vrai qu'il ait trahi? dit mademoiselle de La Mole. Qui n'a pas trahi?

— Quoi! dit le comte de Caylus à Norbert, vous avez chez vous M. Sainclair, ce fameux libéral! et que diable vient-il y faire? Il faut que je l'approche, que je lui parle, que je me fasse parler, on dit qu'il a tant d'esprit.

— Mais comment ta mère va-t-elle le recevoir? dit M. de Croisenois. Il a des idées si extravagantes, si généreuses, si indépendantes....

— Voyez, dit mademoiselle de La Mole, voilà l'homme indépendant qui salue jusqu'à terre M. Descoulis, et qui saisit sa main. J'ai presque cru qu'il allait la porter à ses lèvres.

— Il faut que Descoulis soit mieux avec le pouvoir que nous ne le croyons, reprit M. de Croisenois.

— Sainclair vient ici pour être de l'académie, dit Norbert; voyez comme il salue le baron L***, Croisenois.

— Il serait moins bas de se mettre à genoux, reprit M. de Luz.

— Mon cher Sorel, dit Norbert, vous qui avez de l'esprit, mais qui arrivez de vos montagnes, tâchez de ne jamais saluer comme fait ce grand poète, fût-ce Dieu le père.

— Ah! voici l'homme d'esprit par excellence, M. le baron Bâton, dit mademoiselle de La Mole, imitant un peu la voix du laquais qui venait de l'annoncer.

— Je crois que même vos gens se moquent de lui. Quel nom, baron Bâton! dit M. de Caylus.

— Que fait le nom? nous disait-il l'autre jour, reprit Mathilde. Figurez-vous le duc de Bouillon annoncé pour la première fois; il ne manque au public, à mon égard, qu'un peu d'habitude.....

Julien quitta le voisinage du canapé. Peu sensible encore aux charmantes finesses d'une moquerie légère, pour rire d'une plaisanterie, il prétendait qu'elle fût fondée en raison. Il ne voyait, dans les propos de ces jeunes gens, que le ton de dénigrement général, et en était choqué. Sa pruderie provinciale ou anglaise allait jusqu'à y voir de l'envie, en quoi assurément il se trompait.

Le comte Norbert, se disait-il, à qui j'ai vu faire trois brouillons pour une lettre de vingt lignes à son colonel, serait bien heureux s'il avait écrit de sa vie une page comme celles de M. Sainclair.

Passant inaperçu à cause de son peu d'importance, Julien s'approcha successivement de plusieurs groupes; il suivait de loin le baron Bâton, et voulait l'entendre. Cet homme de tant d'esprit avait l'air inquiet, et Julien ne le vit se remettre un peu que lorsqu'il eut trouvé trois ou quatre phrases piquantes. Il sembla à Julien que ce genre d'esprit avait besoin d'espace.

Le baron ne pouvait pas dire des mots; il lui fallait au moins quatre phrases de six lignes chacune pour être brillant.

— *Cet homme disserte, il ne cause pas*, disait quelqu'un derrière Julien. Il se retourna et rougit de plaisir, quand il entendit nommer le comte Chalvet. C'est l'homme le plus fin du siècle. Julien avait souvent trouvé son nom dans le Mémorial de Sainte-Hélène et dans les morceaux d'histoire dictés par Napoléon. Le comte Chalvet était bref dans sa parole; ses traits étaient des éclairs justes, vifs, profonds. S'il parlait d'une affaire, sur-le-champ on voyait la discussion faire un pas. Il y portait des faits, c'était plaisir de l'entendre. Du reste, en politique, il était cynique effronté.

— Je suis indépendant, moi, disait-il à un monsieur portant trois plaques, et dont apparemment il se moquait. Pourquoi veut-on que je sois aujourd'hui de la même opinion qu'il y a six semaines? En ce cas, mon opinion serait mon tyran.

Quatre jeunes gens graves, qui l'entouraient, firent la mine; ces messieurs n'aiment pas le genre plaisant. Le comte vit qu'il était allé trop loin. Heureusement il aperçut l'honnête M. Balland, tartuffe d'honnêteté. Le comte se mit à lui parler : on se rapprocha, on comprit que le pauvre Balland allait être immolé. A force de morale et de moralité, quoique horriblement laid, et après des premiers pas dans le monde, difficiles à raconter, M. Balland a épousé une femme fort riche, qui est morte; ensuite une seconde femme fort riche, que l'on ne voit point dans le monde. Il jouit en toute humilité de soixante mille livres de rentes, et a lui-même des flatteurs. Le comte Chalvet lui parla de tout cela et sans pitié. Il y eut bientôt autour d'eux un cercle de trente personnes. Tout le monde souriait, même les jeunes gens graves, l'espoir du siècle.

Pourquoi vient-il chez M. de La Mole, où il est le plastron évidemment? pensa Julien. Il se rapprocha de l'abbé Pirard, pour le lui demander.

M. Balland s'esquiva.

— Bon! dit Norbert, voilà un des espions de mon père parti; il ne reste plus que le petit boiteux Napier.

Serait-ce là le mot de l'énigme? pensa Julien. Mais, en ce cas, pourquoi le marquis reçoit-il M. Balland?

Le sévère abbé Pirard faisait la mine dans un coin du salon, en entendant les laquais annoncer.

— C'est donc une caverne, disait-il comme Bazile, je ne vois arriver que des gens tarés.

C'est que le sévère abbé ne connaissait pas ce

qui tient à la haute société. Mais, par ses amis les jansénistes, il avait des notions fort exactes sur ces hommes qui n'arrivent dans les salons que par leur extrême finesse au service de tous les partis, ou leur fortune scandaleuse. Pendant quelques minutes, ce soir-là, il répondit d'abondance de cœur aux questions empressées de Julien, puis s'arrêta tout court, désolé d'avoir toujours du mal à dire de tout le monde, et se l'imputant à péché. Bilieux, janséniste, et croyant au devoir de la charité chrétienne, sa vie dans le monde était un combat.

— Quelle figure a cet abbé Pirard! disait mademoiselle de La Mole, comme Julien se rapprochait du canapé.

Julien se sentit irrité, mais pourtant elle avait raison. M. Pirard était sans contredit le plus honnête homme du salon, mais sa figure couperosée, qui s'agitait des bourrèlemens de sa conscience, le rendait hideux en ce moment. Croyez après cela aux physionomies, pensa Julien; c'est dans le moment où la délicatesse de l'abbé Pirard se reproche quelque peccadille, qu'il a l'air atroce; tandis que sur la figure de ce Napier, espion connu de tous, on lit un bonheur pur et tranquille. L'abbé Pirard avait fait cependant de grandes concessions à son parti; il avait pris un domestique, il était fort bien vêtu.

Julien remarqua quelque chose de singulier

dans le salon : c'était un mouvement de tous les yeux vers la porte, et un demi-silence subit. Le laquais annonçait le fameux baron de Tolly, sur lequel les élections venaient de fixer tous les regards. Julien s'avança et le vit fort bien. Le baron présidait un collége : il eut l'idée lumineuse d'escamoter les petits carrés de papier, portant les votes d'un des partis. Mais, pour qu'il y eût compensation, il les remplaçait à mesure par d'autres petits morceaux de papier, portant un nom qui lui était agréable. Cette manœuvre décisive fut aperçue par quelques électeurs qui s'empressèrent de faire compliment au baron de Tolly. Le bonhomme était encore pâle de cette grande affaire. Des esprits mal faits avaient prononcé le mot de galères. M. de La Mole le reçut froidement. Le pauvre baron s'échappa.

— S'il nous quitte si vite, c'est pour aller chez M. Comte, dit le comte Chalvet, et l'on rit.

Au milieu de quelques grands seigneurs muets, et des intrigans la plupart tarés, mais tous gens d'esprit, qui ce soir-là abordaient successivement dans le salon de M. de La Mole (on parlait de lui pour un ministère), le petit Tanbeau faisait ses premières armes. S'il n'avait pas encore la finesse des aperçus, il s'en dédommageait, comme on va voir, par l'énergie des paroles.

— Pourquoi ne pas condamner cet homme à dix ans de prison? disait-il au moment où Julien approcha de son groupe; c'est dans un fond de basse-fosse qu'il faut confiner les reptiles; on doit les faire mourir à l'ombre, autrement leur venin s'exalte et devient plus dangereux. A quoi bon le condamner à mille écus d'amende? Il est pauvre, soit, tant mieux; mais son parti payera pour lui. Il fallait cinq cents francs d'amende, et dix ans de basse-fosse.

Eh bon Dieu! quel est donc le monstre dont on parle? pensa Julien, qui admirait le ton véhément et les gestes saccadés de son collègue. La petite figure maigre et tirée du neveu favori de l'académicien était hideuse en ce moment. Julien apprit bientôt qu'il s'agissait du plus grand poëte de l'époque.

— Ah, monstre! s'écria Julien à demi haut, et des larmes généreuses vinrent mouiller ses yeux. Ah, petit gueux! pensa-t-il, je te revaudrai ce propos.

Voilà pourtant, pensa-t-il, les enfans perdus du parti dont le marquis est un des chefs! Et cet homme illustre qu'il calomnie, que de croix, que de sinécures n'eût-il pas accumulées! s'il se fût vendu je ne dis pas au plat ministère de M. de Nerval, mais à quelqu'un de ces ministres passablement honnêtes que nous avons vus se succéder?

L'abbé Pirard fit signe de loin à Julien, M. de La Mole venait de lui dire un mot. Mais quand Julien, qui dans ce moment écoutait les yeux baissés les gémissemens d'un évêque, fut libre enfin, et put approcher de son ami, il le trouva accaparé par cet abominable petit Tanbeau. Ce petit monstre l'exécrait comme la source de la faveur de Julien, et venait lui faire la cour.

Quand la mort nous délivrera-t-elle de cette vieille pourriture? C'était dans ces termes, d'une énergie biblique, que le petit homme de lettres parlait en ce moment du respectable lord Holland. Son mérite était de savoir très bien la biographie des hommes vivans, et il venait de faire une revue rapide de tous les hommes qui pouvaient aspirer à quelque influence sous le règne du nouveau roi d'Angleterre.

L'abbé Pirard passa dans un salon voisin; Julien le suivit :

— Le marquis n'aime pas les écrivailleurs, je vous en avertis; c'est sa seule antipathie. Sachez le latin, le grec si vous pouvez, l'histoire des Égyptiens, des Perses, etc., il vous honorera et vous protégera comme un savant. Mais n'allez pas écrire une page en français, et surtout sur des matières graves et au-dessus de votre position dans le monde, il vous appellerait écrivailleur, et vous prendrait en guignon. Comment, habitant l'hôtel d'un grand seigneur, ne savez-vous pas le mot du duc de Castries sur d'Alembert et Rousseau : Cela veut raisonner de tout, et n'a pas mille écus de rente!

Tout se sait, pensa Julien, ici comme au séminaire! Il avait écrit huit ou dix pages assez emphatiques : c'était une sorte d'éloge historique du vieux chirurgien-major, qui, disait-il, l'avait fait homme. Et ce petit cahier, se dit Julien, a toujours été fermé à clef! Il monta chez lui, brûla son manuscrit et revint au salon. Les coquins brillans l'avaient quitté, il ne restait que les hommes à plaques.

Autour de la table, que les gens venaient d'apporter toute servie, se trouvaient sept à huit femmes fort nobles, fort dévotes, fort affectées, âgées de trente à trente-cinq ans. La brillante maréchale de Fervaques entra en faisant des excuses sur l'heure tardive. Il était plus de minuit; elle alla prendre place auprès de la marquise. Julien fut profondément ému; elle avait les yeux et le regard de madame de Rênal.

Le groupe de mademoiselle de La Mole était encore peuplé. Elle était occupée avec ses amis à se moquer du malheureux comte de Thaler. C'était le fils unique de ce fameux Juif célèbre par les richesses qu'il avait acquises en prêtant de l'argent aux rois pour faire la guerre aux peuples. Le Juif venait de mourir laissant à son fils cent mille écus de rente par mois, et un nom, hélas! trop connu. Cette position singulière eût exigé de la simplicité dans le caractère, ou beaucoup de force de volonté.

Malheureusement le comte n'était qu'un bon homme garni de toutes sortes de prétentions qui lui étaient inspirées par ses flatteurs.

M. de Caylus prétendait qu'on lui avait donné la volonté de demander en mariage mademoiselle de La Mole (à laquelle le marquis de Croisenois, qui devait être duc avec cent mille livres de rente, faisait la cour).

— Ah! ne l'accusez pas d'avoir une volonté, disait piteusement Norbert.

Ce qui manquait peut-être le plus à ce pauvre comte de Thaler, c'était la faculté de vouloir. Par ce côté de son caractère il eût été digne d'être roi. Prenant sans cesse conseil de tout le monde, il n'avait le courage de suivre aucun avis jusqu'au bout.

Sa physionomie eût suffi à elle seule, disait mademoiselle de La Mole, pour lui inspirer une joie éternelle. C'était un mélange singulier d'inquiétude et de désappointement; mais de temps à autre on y distinguait fort bien des bouffées d'importance et de ce ton tranchant que doit avoir l'homme le plus riche de France, quand surtout il est assez bien fait de sa personne et n'a pas encore trente-six ans. Il est timidement insolent, disait M. de Croisenois. Le comte de

Caylus, Norbert et deux ou trois jeunes gens à moustaches, le persiflèrent tant qu'ils voulurent, sans qu'il s'en doutât, et enfin le renvoyèrent comme une heure sonnait :

— Sont-ce vos fameux chevaux arabes qui vous attendent à la porte par le temps qu'il fait? lui dit Norbert.

— Non; c'est un nouvel attelage bien moins cher, répondit M. de Thaler. Le cheval de gauche me coûte cinq mille francs, et celui de droite ne vaut que cent louis; mais je vous prie de croire qu'on ne l'attèle que de nuit. C'est que son trot est parfaitement semblable à celui de l'autre.

La réflexion de Norbert fit penser au comté qu'il était décent pour un homme comme lui d'avoir la passion des chevaux, et qu'il ne fallait pas laisser mouiller les siens. Il partit, et ces messieurs sortirent un instant après en se moquant de lui.

Ainsi, pensait Julien en les entendant rire dans l'escalier, il m'a été donné de voir l'autre extrême de ma situation! Je n'ai pas 20 louis de rente, et je me suis trouvé côte à côte avec un homme qui a 20 louis de rente par heure, et l'on se moquait de lui.... Une telle vue guérit de l'envie.

CHAPITRE XXXV

LA SENSIBILITÉ ET UNE GRANDE DAME DÉVOTE

> Une idée un peu vive y a l'air d'une grossièreté, tant on y est accoutumé aux mots sans relief. Malheur à qui invente en parlant!
> FAUBLAS.

XXXV

Après plusieurs mois d'épreuves, voici où en était Julien le jour où l'intendant de la maison lui remit le troisième quartier de ses appointemens. M. de La Mole l'avait chargé de suivre l'administration de ses terres en Bretagne et en Normandie. Julien y faisait de fréquens voyages. Il était chargé en chef de la correspondance relative au fameux procès avec l'abbé de Frilair; M. Pirard l'avait instruit.

Sur les courtes notes que le marquis griffonnaît en marge des papiers de tout genre qui lui étaient adressés, Julien composait des lettres, qui presque toutes étaient signées.

A l'école de théologie, ses professeurs se plaignaient de son peu d'assiduité, mais ne l'en regardaient pas moins comme un de leurs élèves les plus distingués. Ces différens travaux, saisis avec toute l'ardeur de l'ambition souffrante, avaient bien vite enlevé à Julien les fraîches couleurs qu'il avait apportées de la province. Sa pâleur était un mérite aux yeux des jeunes séminaristes ses camarades ; il les trouvait beaucoup moins méchans, beaucoup moins à genoux devant un écu que ceux de Besançon ; eux le croyaient attaqué de la poitrine. Le marquis lui avait donné un cheval.

Craignant d'être rencontré dans ses courses à cheval, Julien leur avait dit que cet exercice lui était prescrit par les médecins. L'abbé Pirard l'avait mené dans plusieurs sociétés de jansénistes. Julien fut étonné ; l'idée de la religion était invinciblement liée dans son esprit à celle d'hypocrisie et d'espoir de gagner de l'argent. Il admira ces hommes pieux et sévères qui ne songent pas au budget. Plusieurs jansénistes l'avaient pris en amitié et lui donnaient des conseils. Un monde nouveau s'ouvrait devant lui. Il connut chez les jansénistes un comte Altamira qui avait près de six pieds de haut, libéral condamné à mort dans son pays, et dévot. Cet étrange contraste, la dévotion et l'amour de la liberté, le frappa.

Julien était en froid avec le jeune comte. Norbert avait trouvé qu'il répondait trop vivement aux plaisanteries de quelques-uns de ses amis. Julien, ayant manqué une ou deux fois aux convenances, s'était prescrit de ne jamais adresser la parole à mademoiselle Mathilde. On était toujours parfaitement poli à son égard à l'hôtel de La Mole; mais il se sentait déchu. Son bon sens de province expliquait cet effet par le proverbe vulgaire, *tout beau tout nouveau.*

Peut-être était-il un peu plus clairvoyant que les premiers jours, ou bien le premier enchantement produit par l'urbanité parisienne était passé.

Dès qu'il cessait de travailler, il était en proie à un ennui mortel; c'est l'effet desséchant de la politesse admirable, mais si mesurée, si parfaitement graduée suivant les positions, qui distingue la haute société. Un cœur un peu sensible voit l'artifice.

Sans doute, on peut reprocher à la province un ton commun ou peu poli. Mais on se passionne un peu en vous répondant. Jamais à l'hôtel de La Mole l'amour-propre de Julien n'était blessé; mais souvent, à la fin de la journée, il se sentait l'envie de pleurer. En province, un garçon de café prend intérêt à vous, s'il vous arrive un accident en entrant dans son café. Mais si cet accident offre quelque chose de désagréable pour l'amour-propre, en vous plaignant, il répétera dix fois le mot qui vous torture. A Paris, on a l'attention de se cacher pour rire, mais vous êtes toujours un étranger.

Nous passons sous silence une foule de petites aventures, qui eussent donné des ridicules à Julien, s'il n'eût pas été en quelque sorte au-dessous du ridicule. Une sensibilité folle lui faisait commettre des milliers de gaucheries. Tous ses plaisirs étaient de précaution : il tirait le pistolet tous les jours, il était un des bons élèves des plus fameux maîtres d'armes. Dès qu'il pouvait disposer d'un instant, au lieu de l'employer à lire comme autrefois, il courait au manége et demandait les chevaux les plus vicieux. Dans les promenades avec le maître du manége, il était presque régulièrement jeté par terre.

Le marquis le trouvait commode à cause de son travail obstiné, de son silence, de son intelligence, et peu à peu, lui confia la suite de toutes les affaires un peu difficiles à débrouiller. Dans les momens où sa haute ambition lui laissait quelque relâche, le marquis faisait des affaires avec sagacité; à portée de savoir des nouvelles, il jouait à la rente avec bonheur. Il achetait des maisons, des bois; mais il prenait facilement de l'humeur. Il donnait des centaines de louis, et plaidait pour des centaines de francs. Les hommes riches qui ont le cœur haut, cherchent dans les affaires de l'amusement et non des résultats. Le marquis avait besoin d'un chef d'état-major qui mît un ordre clair et facile à saisir dans toutes ses affaires d'argent.

Madame de La Mole, quoique d'un caractère si mesuré, se moquait quelquefois de Julien. *L'imprévu* produit par la sensibilité est l'horreur de grandes dames, c'est l'antipode des convenances. Deux ou trois fois le marquis prit son parti : S'il est ridicule dans votre salon, il triomphe dans son bureau. Julien de son côté crut saisir le secret de la marquise. Elle daignait s'intéresser à tout dès qu'on annonçait le baron de La Joumate. C'était un être froid à physionomie impassible. Il était petit, mince, laid, fort bien mis, passait sa vie au Château, et en général ne disait rien sur rien. Telle était sa façon de penser. Madame de La Mole eût été passionnément heureuse pour la première fois de sa vie, si elle eût pu en faire le mari de sa fille.

CHAPITRE XXXVI

MANIÈRE DE PRONONCER

> Leur haute mission est de juger avec calme les petits événemens de la vie journalière des peuples. Leur sagesse doit prévenir les grandes colères pour les petites causes, ou pour des événemens que la voix de la renommée transfigure en les portant au loin.
>
> Gratius.

XXXVI

Pour un nouveau débarqué, qui par hauteur ne faisait jamais de questions, Julien ne tomba pas dans de trop grandes sottises. Un jour, poussé dans un café de la rue Saint-Honoré par une averse soudaine, un grand homme en redingote de castorine, étonné de son regard sombre, le regarda à son tour, absolument comme jadis à Besançon l'amant de mademoiselle Amanda.

Julien s'était reproché trop souvent d'avoir laissé passer cette première insulte, pour souffrir ce regard. Il en demanda l'explication. L'homme en redingote lui adressa aussitôt les plus sales injures : tout ce qui était dans le café les entoura; les passans s'arrêtaient devant la porte. Par une précaution de provincial, Julien portait toujours des petits pistolets; sa main les serrait dans sa poche d'un mouvement convulsif. Cependant il fut sage, et se borna à répéter à son homme de minute en minute : *Monsieur, votre adresse? je vous méprise.*

La constance avec laquelle il s'attachait à ces six mots finit par frapper la foule.

— Dame! il faut que l'autre qui parle tout seul lui donne son adresse. L'homme à la redingote, entendant cette décision souvent répétée, jeta au nez de Julien cinq ou six cartes. Aucune heureusement ne l'atteignit au visage, il s'était promis de ne faire usage de ses pistolets que dans le cas où il serait touché. L'homme s'en alla, non sans se retourner de temps en temps pour le menacer du poing et lui adresser des injures.

Julien se trouva baigné de sueur. Ainsi il est au pouvoir du dernier des hommes de m'émouvoir à ce point! se disait-il avec rage. Comment tuer cette sensibilité si humiliante?

Où prendre un témoin? il n'avait pas un ami. Il avait eu plusieurs connaissances; mais toutes, régulièrement, au bout de six semaines de relations, s'éloignaient de lui. Je suis insociable, et m'en voilà cruellement puni, pensa-t-il. Enfin, il eut l'idée de chercher un ancien lieutenant du 96me, nommé Liéven, pauvre diable avec qui il faisait souvent des armes. Julien fut sincère avec lui.

— Je veux bien être votre témoin, dit Liéven, mais à une condition : si vous ne blessez pas votre homme, vous vous battrez avec moi, séance tenante.

— Convenu, dit Julien enchanté; et ils allèrent chercher M. C. de Beauvoisis à l'adresse indiquée par ses billets, au fond du faubourg Saint-Germain.

Il était sept heures du matin. Ce ne fut qu'en se faisant annoncer chez lui, que Julien pensa que ce pouvait bien être le jeune parent de madame de Rênal, employé jadis à l'ambassade de Rome ou de Naples, et qui avait donné une lettre de recommandation au chanteur Geronimo.

Julien avait remis à un grand valet de chambre une des cartes jetées la veille, et une des siennes.

On le fit attendre, lui et son témoin, trois grands quarts d'heure; enfin ils furent introduits dans un appartement admirable d'élégance. Ils trouvèrent un grand jeune homme mis comme une poupée; ses traits offraient la perfection et l'insignifiance de la beauté grecque. Sa tête, remarquablement étroite, portait une pyramide de cheveux du plus beau blond. Ils étaient frisés avec beaucoup de soin, pas un cheveu ne dépassait l'autre. C'est pour se faire friser ainsi, pensa le lieutenant du 96me, que ce maudit fat nous a fait attendre. La robe de chambre bariolée, le pantalon du matin, tout, jusqu'aux pantoufles brodées, était correct et merveilleusement soigné. Sa physionomie noble et vide annonçait des idées convenables et rares : l'idéal de l'homme aimable, l'horreur de l'imprévu et de la plaisanterie, beaucoup de gravité.

Julien, auquel son lieutenant du 96me avait expliqué que se faire attendre si longtemps, après lui avoir jeté grossièrement sa carte à la figure, était une offense de plus, entra brusquement chez M. de Beauvoisis. Il avait l'intention d'être insolent, mais il aurait bien voulu en même temps être de bon ton.

Il fut si frappé de la douceur des manières de M. de Beauvoisis, de son air à la fois compassé, important et content de soi, de l'élégance admirable de ce qui l'entourait, qu'il perdit en un clin d'œil toute idée d'être insolent. Ce n'était pas son homme de la veille. Son étonnement fut tel de rencontrer un être aussi distingué au lieu du grossier personnage rencontré au café, qu'il ne put trouver une seule parole. Il présenta une des cartes qu'on lui avait jetées.

— C'est mon nom, dit l'homme à la mode, auquel l'habit noir de Julien, dès sept heures du matin, inspirait assez peu de considération, mais je ne comprends pas, d'honneur.....

La manière de prononcer ces derniers mots rendit à Julien une partie de son humeur. — Je viens pour me battre avec vous, Monsieur, et il expliqua d'un trait toute l'affaire.

M. Charles de Beauvoisis, après y avoir mûrement pensé, était assez content de la coupe de l'habit noir de Julien. Il est de Staub, c'est clair, se disait-il en l'écoutant parler ; ce gilet est de bon goût, ces bottes sont bien ; mais, d'un autre côté, cet habit noir dès le grand matin !... Ce sera pour mieux échapper à la balle, se dit le chevalier de Beauvoisis.

Dès qu'il se fut donné cette explication, il revint à une politesse parfaite, et presque d'égal à égal envers Julien. Le colloque fut assez long, l'affaire était délicate ; mais enfin Julien ne put se refuser à l'évidence. Le jeune homme si bien né qu'il avait devant lui, n'offrait aucun point de ressemblance avec le grossier personnage qui, la veille, l'avait insulté.

Julien éprouvait une invincible répugnance à s'en aller, il faisait durer l'explication. Il observait la suffisance du chevalier de Beauvoisis, c'est ainsi qu'il s'était nommé en parlant de lui, choqué de ce que Julien l'appelait simplement monsieur.

Il admirait sa gravité, mêlée d'une certaine fatuité modeste, mais qui ne l'abandonnait pas un seul instant. Il était étonné de sa manière singulière de remuer la langue en prononçant les mots... Mais enfin, dans tout cela, il n'y avait pas la plus petite raison de lui chercher querelle.

Le jeune diplomate offrait de se battre avec beaucoup de grâce, mais l'ex-lieutenant du 96me, assis depuis une heure, les jambes écartées, les mains sur les cuisses, et les coudes en dehors, décida que son ami M. Sorel n'était point fait pour chercher une querelle d'Allemand à un homme, parce qu'on avait volé à cet homme ses billets de visite.

Julien sortait de fort mauvaise humeur. La voiture du chevalier de Beauvoisis l'attendait dans la cour, devant le perron ; par hasard Julien leva les yeux, et reconnut son homme de la veille dans le cocher.

Le voir, le tirer par sa grande jaquette, le faire tomber de son siége et l'accabler de coups de cravache ne fut que l'affaire d'un instant. Deux laquais voulurent défendre leur camarade ; Julien reçut des coups de poing : au même instant il arma un de ses petits pistolets, et le tira sur eux, ils prirent la fuite. Tout cela fut l'affaire d'une minute.

Le chevalier de Beauvoisis descendait l'escalier avec la gravité la plus plaisante, répétant avec sa prononciation de grand seigneur : Qu'est ça? qu'est ça? Il était évidemment fort curieux, mais l'importance diplomatique ne lui permettait pas de marquer plus d'intérêt. Quand il sut de quoi il s'agissait, la hauteur le disputa encore dans ses traits au sang-froid légèrement badin qui ne doit jamais quitter une figure de diplomate.

Le lieutenant du 96me comprit que M. de Beauvoisis avait envie de se battre ; il voulut diplomatiquement aussi conserver à son ami les avantages de l'initiative. — Pour le coup, s'écria-t-il, il y a là matière à duel ! — Je le croirais assez, reprit le diplomate.

— Je chasse ce coquin, dit-il à ses laquais, qu'un autre monte. On ouvrit la portière de la voiture : le chevalier voulut absolument en faire les honneurs à Julien et à son témoin. On alla chercher un ami de M. de Beauvoisis, qui indiqua une place tranquille. La conversation en allant fut vraiment bien. Il n'y avait de singulier que le diplomate en robe de chambre.

Ces messieurs, quoique très-nobles, pensa Julien, ne sont point ennuyeux comme les personnes qui viennent dîner chez M. de La Mole ; et je vois pourquoi, ajouta-t-il un instant après, ils se permettent d'être indécens. On parlait des danseuses que le public avait distinguées dans un ballet donné la veille. Ces messieurs faisaient allusion à des anecdotes piquantes que Julien et son témoin, le lieutenant du 96me, ignoraient absolument. Julien n'eut point la sottise de prétendre les savoir ; il avoua de bonne grâce son ignorance. Cette franchise plut à l'ami du chevalier ; il lui raconta ces anecdotes dans les plus grands détails, et fort bien.

Une chose étonna infiniment Julien. Un reposoir que l'on construisait au milieu de la rue, pour la procession de la Fête-Dieu, arrêta un instant la voiture. Ces messieurs se permirent plusieurs plaisanteries ; le curé, suivant eux, était fils d'un archevêque. Jamais, chez le marquis de La Mole, qui voulait être duc, on n'eût osé prononcer un tel mot.

Le duel fut fini en un instant : Julien eut une balle dans le bras ; on le lui serra avec des mouchoirs ; on les mouilla avec de l'eau-de-vie, et le chevalier de Beauvoisis pria Julien très poliment de lui permettre de le reconduire chez lui, dans la même voiture qui l'avait amené. Quand Julien indiqua l'hôtel de La Mole, il y eut échange de regards entre le jeune diplomate et son ami. Le fiacre de Julien était là, mais il trouvait la conversation de ces messieurs infiniment plus amusante que celle du bon lieutenant du 96me.

Mon Dieu ! un duel, n'est-ce que ça ! pensait Julien. Que je suis heureux d'avoir retrouvé ce cocher ! Quel serait mon malheur, si j'avais dû supporter encore cette injure dans un café ! La conversation amusante n'avait presque pas été interrompue. Julien comprit alors que l'affectation diplomatique est bonne à quelque chose.

L'ennui n'est donc point inhérent, se disait-il, à une conversation entre gens de haute naissance! Ceux-ci plaisantent de la procession de la Fête-Dieu, ils osent raconter et avec détails pittoresques des anecdotes fort scabreuses. Il ne leur manque absolument que le raisonnement sur la chose politique, et ce manque-là est plus que compensé par la grâce de leur ton et la parfaite justesse de leurs expressions. Julien se sentait une vive inclination pour eux. Que je serais heureux de les voir souvent!

A peine se fut-on quitté, que le chevalier de Beauvoisis courut aux informations : elles ne furent pas brillantes.

Il était fort curieux de connaître son homme, pouvait-il décemment lui faire une visite? Le peu de renseignemens qu'il put obtenir n'étaient pas d'une nature encourageante.

— Tout cela est affreux! dit-il à son témoin. Il est impossible que j'avoue m'être battu avec un simple secrétaire de M. de La Mole, et encore parce que mon cocher m'a volé mes cartes de visite.

— Il est sûr qu'il y aurait dans tout cela possibilité de ridicule.

Le soir même, le chevalier de Beauvoisis et

son ami dirent partout que ce M. Sorel, d'ailleurs un jeune homme parfait, était fils naturel d'un ami intime du marquis de La Mole. Ce fait passa sans difficulté. Une fois qu'il fut établi, le jeune diplomate et son ami daignèrent faire quelques visites à Julien, pendant les quinze jours qu'il passa dans sa chambre. Julien leur avoua qu'il n'était allé qu'une fois en sa vie à l'Opéra.

— Cela est épouvantable, lui dit-on, on ne va que là : il faut que votre première sortie soit pour le *Comte Ory*.

A l'Opéra, le chevalier de Beauvoisis le présenta au fameux chanteur Geronimo, qui avait alors un immense succès.

Julien faisait presque la cour au chevalier; ce mélange de respect pour soi-même, d'importance mystérieuse et de fatuité de jeune homme l'enchantait. Par exemple le chevalier bégayait un peu, parce qu'il avait l'honneur de voir souvent un grand seigneur qui avait ce défaut. Jamais Julien n'avait trouvé réunis dans un seul être le ridicule qui amuse, et la perfection des manières qu'un pauvre provincial doit chercher à imiter.

On le voyait à l'Opéra avec le chevalier de Beauvoisis; cette liaison fit prononcer son nom.

— Eh bien! lui dit un jour M. de La Mole, vous voilà donc le fils naturel d'un riche gentilhomme de Franche-Comté, mon ami intime?

Le marquis coupa la parole à Julien, qui voulait protester qu'il n'avait contribué en aucune façon à accréditer ce bruit.

— M. de Beauvoisis n'a pas voulu s'être battu contre le fils d'un charpentier.

— Je le sais, je le sais, dit M. de La Mole; c'est à moi maintenant de donner de la consistance à ce récit, qui me convient. Mais j'ai une grâce à vous demander, et qui ne vous coûtera qu'une petite demi-heure de votre temps : Tous les jours d'Opéra, à onze heures et demie, allez assister dans le vestibule à la sortie du beau monde. Je vous vois encore quelquefois des façons de province, il faudrait vous en défaire; d'ailleurs il n'est pas mal de connaître, au moins de vue, de grands personnages auprès desquels je puis un jour vous donner quelque mission. Passez au bureau de location pour vous faire reconnaître, on vous a donné les entrées.

CHAPITRE XXXVII

UNE ATTAQUE DE GOUTTE

> Et j'eus de l'avancement, non pour mon mérite, mais parce que mon maître avait la goutte.
> BERTOLOTTI.

Dubouchet inv. sculp.

XXXVII

Le lecteur est peut-être surpris de ce ton libre et presque amical; nous avons oublié de dire que depuis six semaines le marquis était retenu chez lui par une attaque de goutte.

Mademoiselle de La Mole et sa mère étaient à Hyères, auprès de la mère de la marquise. Le comte Norbert ne voyait son père que des instans; ils étaient fort bien l'un pour l'autre, mais n'avaient rien à se dire. M. de La Mole, réduit à Julien, fut étonné de lui trouver des idées.

Il se faisait lire les journaux. Bientôt le jeune secrétaire fut en état de choisir les passages intéressans. Il y avait un journal nouveau que le marquis abhorrait, il avait juré de ne le jamais lire, et chaque jour en parlait. Julien riait. Le marquis, irrité contre le temps présent, se fit lire Tite-Live; la traduction improvisée sur le texte latin l'amusait.

Un jour le marquis dit avec ce ton de politesse excessive, qui souvent impatientait Julien :

— Permettez, mon cher Sorel, que je vous fasse cadeau d'un habit bleu : quand il vous conviendra de le prendre et de venir chez moi, vous serez à mes yeux le frère cadet du comte de Chaulnes, c'est-à-dire le fils de mon ami le vieux duc.

Julien ne comprenait pas trop de quoi il s'agissait; le soir même il essaya une visite en habit bleu. Le marquis le traita comme un égal. Julien avait un cœur digne de sentir la vraie politesse, mais il n'avait pas d'idée des nuances. Il eût juré avant cette fantaisie du marquis, qu'il était impossible d'être reçu par lui avec plus d'égards. Quel admirable talent! se dit Julien; quand il se leva pour sortir, le marquis lui fit des excuses de ne pouvoir l'accompagner à cause de sa goutte.

Cette idée singulière occupa Julien : Se moquerait-il de moi! pensa-t-il. Il alla demander conseil à l'abbé Pirard qui, moins poli que le marquis, ne lui répondit qu'en sifflant et parlant d'autre chose. Le lendemain matin, Julien se présenta au marquis, en habit noir, avec son portefeuille et ses lettres à signer. Il en fut reçu à l'ancienne manière. Le soir, en habit bleu, ce fut un ton tout différent et absolument aussi poli que la veille.

— Puisque vous ne vous ennuyez pas trop dans les visites que vous avez la bonté de faire à un pauvre vieillard malade, lui dit le marquis, il faudrait lui parler de tous les petits incidens de votre vie, mais franchement et sans songer à autre chose qu'à raconter clairement et d'une façon amusante. Car il faut s'amuser, continua le marquis ; il n'y a que cela de réel dans la vie. Un homme ne peut pas me sauver la vie à la guerre tous les jours, ou me faire tous les jours cadeau d'un million ; mais si j'avais Rivarol, ici auprès de ma chaise longue, tous les jours il m'ôterait une heure de souffrances et d'ennui. Je l'ai beaucoup connu à Hambourg pendant l'émigration.

Et le marquis conta à Julien les anecdotes de Rivarol avec les Hambourgeois qui s'associaient quatre pour comprendre un bon mot.

M. de La Mole, réduit à la société de ce petit abbé, voulut l'émoustiller. Il piqua d'honneur l'orgueil de Julien. Puisqu'on lui demandait la vérité, Julien résolut de tout dire; mais en taisant deux choses : son admiration fanatique pour un nom qui donnait de l'humeur au marquis, et la parfaite incrédulité qui n'allait pas trop bien à un futur curé. Sa petite affaire avec le chevalier de Beauvoisis arriva fort à propos. Le marquis rit aux larmes de la scène dans le café de la rue Saint-Honoré, avec le cocher qui l'accablait d'injures sales. Ce fut l'époque d'une franchise parfaite dans les relations entre le maître et le protégé.

M. de La Mole s'intéressa à ce caractère singulier. Dans les commencemens, il caressait les ridicules de Julien, afin d'en jouir; bientôt il trouva plus d'intérêt à corriger tout doucement les fausses manières de voir de ce jeune homme. Les autres provinciaux qui arrivent à Paris admirent tout, pensait le marquis; celui-ci hait tout. Ils ont trop d'affectation, lui n'en a pas assez, et les sots le prennent pour un sot.

L'attaque de goutte fut prolongée par les grands froids de l'été, et dura plusieurs mois.

On s'attache bien à un bel épagneul, se disait le marquis, pourquoi ai-je tant de honte de m'attacher à ce petit abbé? il est original. Je le traite comme un fils; eh bien! où est l'inconvénient? Cette fantaisie, si elle dure, me coûtera un diamant de cinq cents louis dans mon testament.

Une fois que le marquis eut compris le caractère ferme de son protégé, chaque jour il le chargeait de quelque nouvelle affaire.

Julien remarqua avec effroi qu'il arrivait à ce grand seigneur de lui donner des décisions contradictoires sur le même objet.

Ceci pouvait le compromettre gravement. Julien ne travailla plus avec lui sans apporter un registre, sur lequel il écrivait les décisions, et le marquis les paraphait. Julien avait pris un commis qui transcrivait les décisions relatives à chaque affaire sur un registre particulier. Ce registre recevait aussi la copie de toutes les lettres.

Cette idée sembla d'abord le comble du ridicule et de l'ennui. Mais, en moins de deux mois, le marquis en sentit les avantages. Julien lui proposa de prendre un commis sortant de chez un banquier, et qui tiendrait en parties doubles le compte de toutes les recettes et de toutes les dépenses des terres que Julien était chargé d'administrer.

Ces mesures éclaircirent tellement aux yeux du marquis ses propres affaires, qu'il put se donner le plaisir d'entreprendre deux ou trois nouvelles spéculations sans le secours de son prête-nom qui le volait.

— Prenez trois mille francs pour vous, dit-il un jour à son jeune ministre.

— Monsieur, ma conduite peut être calomniée.

— Que vous faut-il donc? reprit le marquis avec humeur.

— Que vous veuilliez bien prendre un arrêté, et l'écrire de votre main sur le registre; cet arrêté me donnera une somme de trois mille francs. Au reste, c'est M. l'abbé Pirard qui a eu l'idée de toute cette comptabilité. Le marquis, avec la mine ennuyée du marquis de Moncade écoutant les comptes de M. Poisson, son intendant, écrivit la décision.

Le soir, lorsque Julien paraissait en habit bleu, il n'était jamais question d'affaires. Les bontés du marquis étaient si flatteuses pour l'amour-propre toujours souffrant de notre héros, que bientôt, malgré lui, il éprouva une sorte d'attachement pour ce vieillard aimable. Ce n'est pas que Julien fût sensible, comme on l'entend à Paris; mais ce n'était pas un monstre, et personne, depuis la mort du vieux chirurgien-major, ne lui avait parlé avec tant de bonté. Il remarquait avec étonnement que le marquis avait pour son amour-propre des ménagemens de politesse qu'il n'avait jamais trouvés chez le vieux chirurgien. Il comprit enfin que le chirurgien était plus fier de sa croix que le marquis de son cordon bleu. Le père du marquis était un grand seigneur.

Un jour, à la fin d'une audience du matin, en habit noir et pour les affaires, Julien amusa le marquis, qui le retint deux heures, et voulut absolument lui donner quelques billets de banque que son prête-nom venait de lui apporter de la Bourse.

— J'espère, monsieur le marquis, ne pas m'écarter du profond respect que je vous dois en vous suppliant de me permettre un mot.

— Parlez, mon ami.

— Que M. le marquis daigne souffrir que je refuse ce don. Ce n'est pas à l'homme en habit noir qu'il est adressé, et il gâterait tout à fait les façons que l'on a la bonté de tolérer chez l'homme en habit bleu. Il salua avec beaucoup de respect, et sortit sans regarder.

Ce trait amusa le marquis. Il le conta le soir à l'abbé Pirard.

— Il faut que je vous avoue enfin une chose, mon cher abbé. Je connais la naissance de Julien, et je vous autorise à ne pas me garder le secret sur cette confidence.

Son procédé de ce matin est noble, pensa le marquis, et moi je l'ennoblis.

Quelque temps après, le marquis put enfin sortir.

— Allez passer deux mois à Londres, dit-il à Julien. Les courriers extraordinaires et autres vous porteront les lettres reçues par moi avec mes notes. Vous ferez les réponses et me les renverrez en mettant chaque lettre dans sa réponse. J'ai calculé que le retard ne sera que de cinq jours.

En courant la poste sur la route de Calais, Julien s'étonnait de la futilité des prétendues affaires pour lesquelles on l'envoyait.

Nous ne dirons point avec quel sentiment de haine et presque d'horreur il toucha le sol anglais. On connaît sa folle passion pour Bonaparte. Il voyait dans chaque officier un sir Hudson Lowe, dans chaque grand seigneur un lord Bathurst, ordonnant les infamies de Sainte-Hélène, et en recevant la récompense par dix années de ministère.

A Londres il connut enfin la haute fatuité. Il s'était lié avec de jeunes seigneurs russes qui l'initièrent.

— Vous êtes prédestiné, mon cher Sorel, lui disaient-ils, vous avez naturellement cette mine froide et à *mille lieues de la sensation présente*, que nous cherchons tant à nous donner.

— Vous n'avez pas compris votre siècle, lui disait le prince Korasoff : *faites toujours le contraire de ce qu'on attend de vous.* Voilà, d'honneur! la seule religion de l'époque; ne soyez ni fou ni affecté, car alors on attendrait de vous des folies et des affectations et le précepte ne serait pas accompli.

Julien se couvrit de gloire un jour dans le salon du duc de Fitz-Folke, qui l'avait engagé à dîner ainsi que le prince Korasoff. On attendit pendant une heure. La façon dont Julien se conduisit au milieu des vingt personnes qui attendaient, est encore citée parmi les jeunes secrétaires d'ambassade à Londres. Sa mine fut impayable.

Il voulut voir, malgré les dandys ses amis, le célèbre Philippe Vane, le seul philosophe que l'Angleterre ait eu depuis Locke. Il le trouva achevant sa septième année de prison. L'aristocratie ne badine pas en ce pays-ci, pensa Julien; de plus, Vane est déshonoré, vilipendé, etc.

Julien le trouva gaillard, la rage de l'aristocratie le désennuyait. Voilà, se dit Julien en sortant de prison, le seul homme gai que j'aie vu en Angleterre.

L'idée la plus utile aux tyrans est celle de Dieu, lui avait dit Vane....

Nous supprimons le reste du système comme *cynique*.

A son retour : — Quelle idée amusante m'apportez-vous d'Angleterre? lui dit M. de La Mole..... Il se taisait. Quelle idée apportez-vous, amusante ou non? reprit le marquis vivement.

— *Primo*, dit Julien, l'Anglais le plus sage est fou une heure par jour; il est visité par le démon du suicide qui est le dieu du pays.

Secundo : L'esprit et le génie perdent vingt-cinq pour cent de leur valeur en débarquant en Angleterre.

Tertio : Rien au monde n'est beau, admirable attendrissant comme les paysages anglais.

— A mon tour, dit le marquis :

Primo, pourquoi allez-vous dire, au bal chez l'ambassadeur de Russie, qu'il y a en France trois cent mille jeunes gens de vingt-cinq ans qui désirent passionnément la guerre? croyez-vous que cela soit obligeant pour les rois?

— On ne sait comment faire en parlant à nos grands diplomates, dit Julien. Ils ont la manie d'ouvrir des discussions sérieuses. Si l'on s'en tient aux lieux communs des journaux, on passe pour un sot. Si l'on se permet quelque chose de vrai et de neuf, ils sont étonnés, ne savent que répondre, et le lendemain à sept heures, ils vous font dire par le premier secrétaire d'ambassade qu'on a été inconvenant.

— Pas mal, dit le marquis en riant. Au reste, je parie, monsieur l'homme profond, que vous n'avez pas deviné ce que vous êtes allé faire en Angleterre.

— Pardonnez-moi, reprit Julien : j'y ai été pour dîner une fois la semaine, chez l'ambassadeur du roi, qui est le plus poli des hommes.

— Vous êtes allé chercher la croix que voilà, lui dit le marquis. Je ne veux pas vous faire quitter votre habit noir, et je suis accoutumé au ton plus amusant que j'ai pris avec l'homme portant l'habit bleu. Jusqu'à nouvel ordre, entendez bien ceci : quand je verrai cette croix, vous serez le fils cadet de mon ami le duc de Chaulnes, qui sans s'en douter est depuis six mois employé dans la diplomatie. Remarquez, ajouta le marquis, d'un air fort sérieux, et coupant court aux actions de grâces, que je ne veux point vous sortir de votre état. C'est toujours une faute et un malheur pour le protecteur comme pour le protégé. Quand mes procès vous ennuieront, ou que vous ne me conviendrez plus, je demanderai pour vous une bonne cure, comme celle de notre ami l'abbé Pirard, et *rien de plus*, ajouta le marquis d'un ton fort sec.

Cette croix mit à l'aise l'orgueil de Julien; il parla beaucoup plus. Il se crut moins souvent offensé, et pris de mire par ces propos, susceptibles de quelque explication peu polie et qui, dans une conversation animée, peuvent échapper à tout le monde.

Cette croix lui valut une singulière visite; ce fut celle de M. le baron de Valenod, qui venait à Paris remercier le ministère de sa baronnie et s'entendre avec lui. Il allait être nommé maire de Verrières en remplacement de M. de Rênal.

Julien rit bien, intérieurement, quand M. de Valenod lui fit entendre qu'on venait de découvrir que M. de Rênal était un Jacobin. Le fait est que dans une réélection qui se préparait, le nouveau baron était le candidat du ministère, et au grand collége du département, à la vérité fort ultra, c'était M. de Rênal qui était porté par les libéraux.

Ce fut en vain que Julien essaya de savoir quelque chose de madame de Rênal; le baron parut se souvenir de leur ancienne rivalité et fut impénétrable. Il finit par demander à Julien la voix de son père dans les élections qui allaient avoir lieu. Julien promit d'écrire.

— Vous devriez, monsieur le chevalier, me présenter à M. le marquis de La Mole.

En effet, *je le devrais*, pensa Julien, mais un tel coquin !

— En vérité, répondit-il, je suis un trop petit garçon à l'hôtel de La Mole pour prendre sur moi de présenter.

Julien disait tout au marquis; le soir il lui conta la prétention du Valenod ainsi que ses faits et gestes depuis 1814.

— Non-seulement, reprit M. de La Mole, d'un air fort sérieux, vous me présenterez demain le nouveau baron, mais je l'invite à dîner pour après-demain. Ce sera un de nos nouveaux préfets.

— En ce cas, reprit Julien froidement, je demande la place de directeur du dépôt de mendicité pour mon père.

— A la bonne heure, dit le marquis en reprenant l'air gai; accordé; je m'attendais à des moralités. Vous vous formez.

M. de Valenod apprit par Julien que le titulaire du bureau de loterie de Verrières venait de mourir; Julien trouva plaisant de donner cette place à M. de Cholin, ce vieil imbécile dont jadis il avait ramassé la pétition dans la chambre de M. de La Mole. Le marquis rit de bien bon cœur de la pétition que Julien récita en lui faisant signer la lettre qui demandait cette place au ministre des finances.

A peine M. de Cholin nommé, Julien apprit que cette place avait été demandée par la députation du département pour M. Gros, le célèbre géomètre : cet homme généreux n'avait que quatorze cents francs de rente, et chaque année prêtait six cents francs au titulaire qui venait de mourir, pour l'aider à élever sa famille.

Julien fut étonné de ce qu'il avait fait. Ce n'est rien, se dit-il, il faudra en venir à bien d'autres injustices, si je veux parvenir, et encore savoir les cacher sous de belles paroles sentimentales : pauvre M. Gros, c'est lui qui méritait la croix, c'est moi qui l'ai, et je dois agir dans le sens du gouvernement qui me la donne.

CHAPITRE XXXVIII

QUELLE EST LA DÉCORATION QUI DISTINGUE?

> Ton eau ne me rafraîchit pas, dit le génie altéré. — C'est pourtant le puits le plus frais de tout le Diar-Békir.
> Pellico.

XXXVIII

Un jour Julien revenait de la charmante terre de Villequier, sur les bords de la Seine, que M. de La Mole voyait avec intérêt parce que, de toutes les siennes, c'était la seule qui eût appartenu au célèbre Boniface de La Mole. Il trouva à l'hôtel la marquise et sa fille, qui arrivaient d'Hyères.

Julien était un dandy maintenant, et comprenait l'art de vivre à Paris. Il fut d'une froideur parfaite envers mademoiselle de La Mole. Il parut n'avoir gardé aucun souvenir des temps où elle lui demandait si gaiement des détails sur sa manière de tomber de cheval.

Mademoiselle de La Mole le trouva grandi et pâli. Sa taille, sa tournure, n'avaient plus rien du provincial; il n'en était pas ainsi de sa conversation; on y remarquait encore trop de sérieux, trop de positif. Malgré ces qualités raisonnables, grâce à son orgueil, elle n'avait rien de subalterne; on sentait seulement qu'il regardait encore trop de choses comme importantes. Mais on voyait qu'il était homme à soutenir son dire.

— Il manque de légèreté, mais non pas d'esprit, dit mademoiselle de La Mole à son père, en plaisantant avec lui sur la croix qu'il avait donnée à Julien. Mon frère vous l'a demandée pendant dix-huit mois, et c'est un La Mole!

— Oui; mais Julien a de l'imprévu, c'est ce qui n'est jamais arrivé au La Mole dont vous me parlez.

On annonça M. le duc de Retz.

Mathilde se sentit saisie d'un bâillement irrésistible, elle reconnaissait les antiques dorures et les anciens habitués du salon paternel. Elle se faisait une image parfaitement ennuyeuse de la vie qu'elle allait reprendre à Paris. Et cependant à Hyères elle regrettait Paris.

Et pourtant j'ai dix-neuf ans! pensait-elle;

c'est l'âge du bonheur, disent tous ces nigauds à tranches dorées. Elle regardait huit ou dix volumes de poésies nouvelles, accumulés, pendant le voyage de Provence, sur la console du salon. Elle avait le malheur d'avoir plus d'esprit que MM. de Croisenois, de Caylus, de Luz et ses autres amis. Elle se figurait tout ce qu'ils allaient lui dire sur le beau ciel de la Provence, la poésie, le Midi, etc., etc.

Ces yeux si beaux, où respiraient l'ennui le plus profond et, pis encore, le désespoir de trouver le plaisir, s'arrêtèrent sur Julien. Du moins, il n'était pas exactement comme un autre.

— Monsieur Sorel, dit-elle avec cette voix vive, brève et qui n'a rien de féminin, qu'emploient les jeunes femmes de la haute classe :
Monsieur Sorel, venez-vous ce soir au bal de M. de Retz?

— Mademoiselle, je n'ai pas eu l'honneur d'être présenté à M. le duc. (On eût dit que ces mots et ce titre écorchaient la bouche du provincial orgueilleux.)

— Il a chargé mon frère de vous amener chez lui; et, si vous y étiez venu, vous m'auriez donné des détails sur la terre de Villequier; il est question d'y aller au printemps. Je voudrais savoir si le château est logeable, et si les environs sont aussi jolis qu'on le dit. Il y a tant de réputations usurpées !

Julien ne répondait pas.

— Venez au bal avec mon frère, ajouta-t-elle d'un ton fort sec.

Julien salua avec respect. Ainsi, même au milieu du bal, je dois des comptes à tous les membres de la famille; ne suis-je pas payé comme homme d'affaires? Sa mauvaise humeur ajouta : Dieu sait encore si ce que je dirai à la fille ne contrariera pas les projets du père, du frère, de la mère! C'est une véritable cour de prince souverain. Il faudrait y être d'une nullité parfaite, et cependant ne donner à personne le droit de se plaindre.

Que cette grande fille me déplaît! pensa-t-il, en regardant marcher mademoiselle de La Mole, que sa mère avait appelée pour la présenter à plusieurs femmes de ses amies. Elle outre toutes les modes; sa robe lui tombe des épaules..... elle est encore plus pâle qu'avant son voyage.... Quels cheveux sans couleur à force d'être blonds; on dirait que le jour passe à travers!.... Que de hauteur dans cette façon de saluer, dans ce regard! quels gestes de reine! Mademoiselle de La Mole venait d'appeler son frère, au moment où il quittait le salon.

Le comte Norbert s'approcha de Julien :

— Mon cher Sorel, lui dit-il, où voulez-vous que je vous prenne à minuit pour le bal de M. de Retz? il m'a chargé expressément de vous amener.

— Je sais bien à qui je dois tant de bontés, répondit Julien, en saluant jusqu'à terre.

Sa mauvaise humeur, ne pouvant rien trouver à reprendre au ton de politesse et même d'intérêt avec lequel Norbert lui avait parlé, se mit à s'exercer sur la réponse que lui, Julien, avait faite à ce mot obligeant. Il y trouvait une nuance de bassesse.

Le soir, en arrivant au bal, il fut frappé de la magnificence de l'hôtel de Retz. La cour d'entrée était couverte d'une immense tente de coutil cramoisi avec des étoiles en or : rien de plus élégant. Au-dessous de cette tente, la cour était transformée en un bois d'orangers et de lauriers-roses en fleurs. Comme on avait eu soin d'enterrer suffisamment les vases, les lauriers et les orangers avaient l'air de sortir de terre. Le chemin que parcouraient les voitures était sablé.

Cet ensemble parut extraordinaire à notre provincial. Il n'avait pas l'idée d'une telle magnificence; en un instant son imagination émue fut à mille lieues de la mauvaise humeur. Dans la voiture, en venant au bal, Norbert était heureux, et lui voyait tout en noir; à peine entrés dans la cour, les rôles changèrent.

Norbert n'était sensible qu'à quelques détails, qui, au milieu de tant de magnificence, n'avaient pu être soignés. Il évaluait la dépense de chaque chose, et à mesure qu'il arrivait à un total élevé,

Julien remarqua qu'il s'en montrait presque jaloux et prenait de l'humeur.

Pour lui, il arriva séduit, admirant et presque timide à force d'émotion, dans le premier des salons où l'on dansait. On se pressait à la porte du second et la foule était si grande qu'il lui fut impossible d'avancer. La décoration de ce second salon représentait l'Alhambra de Grenade.

— C'est la reine du bal, il faut en convenir, disait un jeune homme à moustaches, dont l'épaule entrait dans la poitrine de Julien.

— Mademoiselle Fourmont, qui tout l'hiver a été la plus jolie, lui répondait son voisin, s'aperçoit qu'elle descend à la seconde place; vois son air singulier.

— Vraiment elle met toutes voiles dehors pour plaire. Vois, vois ce sourire gracieux au moment où elle figure seule dans cette contredanse. C'est d'honneur impayable.

— Mademoiselle de La Mole a l'air d'être maîtresse du plaisir que lui fait son triomphe, dont elle s'aperçoit fort bien. On dirait qu'elle craint de plaire à qui lui parle.

— Très-bien! voilà l'art de séduire.

Julien faisait de vains efforts pour apercevoir cette femme séduisante : sept ou huit hommes plus grands que lui l'empêchaient de la voir.

— Il y a bien de la coquetterie dans cette retenue si noble, reprit le jeune homme à moustaches.

— Et ces grands yeux bleus qui s'abaissent si lentement au moment où l'on dirait qu'ils sont sur le point de se trahir, reprit le voisin. Ma foi, rien de plus habile.

— Vois comme auprès d'elle la belle Fourmont a l'air commun, dit un troisième.

— Cet air de retenue veut dire : Que d'amabilité je déploierais pour vous, si vous étiez l'homme digne de moi !

— Et qui peut être digne de la sublime Mathilde? dit le premier : quelque prince souverain, beau, spirituel, bien fait, un héros à la guerre, et âgé de vingt ans au plus.

— Le fils naturel de l'empereur de Russie..... auquel en faveur de ce mariage on ferait une souveraineté..... ou tout simplement le comte de Thaler, avec son air de paysan habillé.....

La porte fut dégagée, Julien put entrer.

Puisqu'elle passe pour si remarquable aux yeux de ces poupées, elle vaut la peine que je l'étudie, pensa-t-il. Je comprendrai quelle est la perfection pour ces gens-là.

Comme il la cherchait des yeux, Mathilde le regarda. Mon devoir m'appelle, se dit Julien; mais il n'y avait plus d'humeur que dans son expression. La curiosité le faisait avancer avec un plaisir, que la robe fort basse des épaules de

Mathilde augmenta bien vite, à la vérité d'une manière peu flatteuse pour son amour-propre. Sa beauté a de la jeunesse, pensa-t-il. Cinq ou six jeunes gens, parmi lesquels Julien reconnut ceux qu'il avait entendus à la porte, étaient entre elle et lui.

— Vous, Monsieur, qui avez été ici tout l'hiver, lui dit-elle, n'est-il pas vrai que ce bal est le plus joli de la saison ? Il ne répondait pas.

— Ce quadrille de Coulon me semble admirable, et ces dames le dansent d'une façon parfaite. Les jeunes gens se retournèrent pour voir quel était l'homme heureux dont on voulait absolument avoir une réponse. Elle ne fut pas encourageante.

— Je ne saurais être un bon juge, mademoiselle ; je passe ma vie à écrire : c'est le premier bal de cette magnificence que j'aie vu.

Les jeunes gens à moustaches furent scandalisés.

— Vous êtes un sage, monsieur Sorel, reprit-on avec un intérêt plus marqué ; vous voyez tous ces bals, toutes ces fêtes, comme un philosophe, comme J.-J. Rousseau. Ces folies vous étonnent sans vous séduire.

Un mot venait d'éteindre l'imagination de Julien, et de chasser de son cœur toute illusion. Sa bouche prit l'expression d'un dédain un peu exagéré peut-être.

— J.-J. Rousseau, répondit-il, n'est à mes yeux qu'un sot, lorsqu'il s'avise de juger le grand monde; il ne le comprenait pas, et y portait le cœur d'un laquais parvenu.

— Il a fait le *Contrat Social*, dit Mathilde, du ton de la vénération.

— Tout en prêchant la république et le renversement des dignités monarchiques, ce parvenu est ivre de bonheur, si un duc change la direction de sa promenade après dîner, pour accompagner un de ses amis.

— Ah, oui! le duc de Luxembourg à Montmorency accompagne un M. Coindet du côté de Paris...., reprit mademoiselle de La Mole, avec le plaisir et l'abandon de la première jouissance de pédanterie. Elle était ivre de son savoir, à peu près comme l'académicien qui découvrit l'existence du roi Feretrius. L'œil de Julien resta pénétrant et sévère. Mathilde avait eu un moment d'enthousiasme; la froideur de son partner la déconcerta profondément. Elle fut d'autant plus étonnée, que c'était elle qui avait coutume de produire cet effet-là sur les autres.

Dans ce moment, le marquis de Croisenois s'avançait avec empressement vers mademoiselle de La Mole. Il fut un instant à trois pas d'elle sans pouvoir pénétrer à cause de la foule. Il la regardait en souriant de l'obstacle. La jeune marquise de Rouvray était près de lui, c'était une cousine de Mathilde. Elle donnait le bras à son mari, qui ne l'était que depuis quinze jours. Le marquis de Rouvray, fort jeune aussi, avait tout l'amour niais qui prend un homme qui, faisant un mariage de convenance uniquement arrangé par les notaires, trouve une personne parfaitement belle. M. de Rouvray allait être duc à la mort d'un oncle fort âgé.

Pendant que le marquis de Croisenois, ne pouvant percer la foule, regardait Mathilde d'un air riant, elle arrêtait ses grands yeux d'un bleu céleste sur lui et ses voisins. Quoi de plus plat, se dit-elle, que tout ce groupe! Voilà Croisenois qui prétend m'épouser; il est doux, poli, il a des manières parfaites comme M. de Rouvray. Sans l'ennui qu'ils donnent, ces messieurs seraient fort aimables. Lui aussi me suivra au bal avec cet air borné et content. Un an après le mariage, ma voiture, mes chevaux, mes robes, mon château à vingt lieues de Paris, tout cela sera aussi bien que possible, tout à fait ce qu'il faut pour faire périr d'envie une parvenue, une comtesse de Roiville, par exemple; et après?....

Mathilde s'ennuyait en espoir. Le marquis de Croisenois parvint à l'approcher et lui parlait, mais elle rêvait sans l'écouter. Le bruit de ses paroles se confondait pour elle avec le bourdonnement du bal. Elle suivait machinalement de l'œil Julien, qui s'était éloigné d'un air respectueux, mais fier et mécontent. Elle aperçut dans un coin, loin de la foule circulante, le comte Altamira, condamné à mort dans son pays, que le lecteur connaît déjà. Sous Louis XIV, une de ses parentes avait épousé un prince de Conti; ce souvenir le protégeait un peu contre la police de la congrégation.

Je ne vois que la condamnation à mort qui distingue un homme, pensa Mathilde, c'est la seule chose qui ne s'achète pas.

Ah! c'est un bon mot que je viens de me dire! quel dommage qu'il ne soit pas venu de façon à m'en faire honneur! Mathilde avait trop de goût pour amener dans la conversation un bon mot fait d'avance; mais elle avait aussi trop de vanité pour ne pas être enchantée d'elle-même. Un air de bonheur remplaça dans ses traits l'apparence de l'ennui. Le marquis de Croisenois, qui lui parlait toujours, crut entrevoir le succès, et redoubla de faconde.

Qu'est-ce qu'un méchant pourrait objecter à mon bon mot? se dit Mathilde. Je répondrais au critique : Un titre de baron, de vicomte, cela s'achète; une croix, cela se donne; mon frère vient de l'avoir, qu'a-t-il fait? un grade, cela s'obtient. Dix ans de garnison, ou un parent ministre de la guerre, et l'on est chef d'escadron comme Norbert. Une grande fortune!..... c'est encore ce qu'il y a de plus difficile et par conséquent de plus méritoire. Voilà qui est drôle! c'est le contraire de tout ce que disent les livres..... Eh bien! pour la fortune, on épouse la fille de M. Rothschild.

Réellement mon mot a de la profondeur. La condamnation à mort est encore la seule chose que l'on ne se soit pas avisé de solliciter.

— Connaissez-vous le comte Altamira? dit-elle à M. de Croisenois.

Elle avait l'air de revenir de si loin, et cette question avait si peu de rapport avec tout ce que le pauvre marquis lui disait depuis cinq minutes, que son amabilité en fut déconcertée. C'était pourtant un homme d'esprit et fort renommé comme tel.

Mathilde a de la singularité, pensa-t-il; c'est un inconvénient, mais elle donne une si belle position sociale à son mari! Je ne sais comment fait ce marquis de La Mole; il est lié avec ce qu'il y a de mieux dans tous les partis; c'est un homme qui ne peut sombrer. Et d'ailleurs cette singularité de Mathilde peut passer pour du génie. Avec une haute naissance et beaucoup de fortune, le génie n'est point un ridicule, et alors quelle distinction! Elle a si bien d'ailleurs, quand elle veut, ce mélange d'esprit, de caractère et d'à-propos qui fait l'amabilité parfaite..... Comme il est difficile de faire bien deux choses à la fois, le marquis répondait à Mathilde, d'un air vide et comme récitant une leçon :

— Qui ne connaît ce pauvre Altamira? Et il lui faisait l'histoire de sa conspiration manquée, ridicule, absurde.

— Très-absurde! dit Mathilde, comme se parlant à elle-même, mais il a agi. Je veux voir un homme; amenez-le-moi, dit-elle au marquis très-choqué.

Le comte Altamira était un des admirateurs les plus déclarés de l'air hautain et presque impertinent de mademoiselle de La Mole; elle était, suivant lui, l'une des plus belles personnes de Paris.

— Comme elle serait belle sur un trône! dit-il à M. de Croisenois; et il se laissa amener sans difficultés.

Il ne manque pas de gens dans le monde qui veulent établir que rien n'est de mauvais ton comme une conspiration; cela sent le jacobin. Et quoi de plus laid que le jacobin sans succès?

Le regard de Mathilde se moquait du libéralisme d'Altamira avec M. de Croisenois, mais elle l'écoutait avec plaisir.

Un conspirateur au bal, c'est un joli contraste, pensait-elle. Elle trouvait à celui-ci, avec ses moustaches noires, la figure du lion quand il se repose, mais elle s'aperçut bientôt que son esprit n'avait qu'une attitude : *l'utilité, l'admiration pour l'utilité.*

Excepté ce qui pouvait donner à son pays le gouvernement des deux chambres, le jeune comte trouvait que rien n'était digne de son attention. Il quitta avec plaisir Mathilde, la plus séduisante personne du bal, parcequ'il vit entrer un général péruvien.

Désespérant de l'Europe, le pauvre Altamira en était réduit à penser que, quand les États de l'Amérique méridionale seront forts et puissans, ils pourront rendre à l'Europe la liberté que Mirabeau leur a envoyée[1].

Un tourbillon de jeunes gens à moustaches s'était approché de Mathilde. Elle avait bien vu qu'Altamira n'était pas séduit, et se trouvait piquée de son départ; elle voyait son œil noir briller en parlant au général péruvien. Mademoiselle de La Mole regardait les jeunes Français avec ce sérieux profond qu'aucune de ses rivales ne pouvait imiter. Lequel d'entre eux, pensait-elle, pourrait se faire condamner à mort, en lui supposant même toutes les chances favorables?

Ce regard singulier flattait ceux qui avaient peu d'esprit, mais inquiétait les autres. Ils redoutaient l'explosion de quelque mot piquant et de réponse difficile.

Une haute naissance donne cent qualités dont

---

1. Cette feuille, composée le 25 juillet 1830, a été imprimée le 4 août. *Note de l'Éditeur.*

l'absence m'offenserait, je le vois par l'exemple de Julien, pensait Mathilde, mais elle étiole ces qualités de l'âme qui font condamner à mort.

En ce moment quelqu'un disait près d'elle : Ce comte Altamira est le second fils du prince de San Nazaro-Pimentel ; c'est un Pimentel qui tenta de sauver Conradin, décapité en 1268. C'est l'une des plus nobles familles de Naples.

Voilà, se dit Mathilde, qui prouve joliment ma maxime : La haute naissance ôte la force de caractère sans laquelle on ne se fait point condamner à mort! Je suis donc prédestinée à déraisonner ce soir. Puisque je ne suis qu'une femme comme une autre, eh bien, il faut danser. Elle céda aux instances du marquis de Croisenois qui depuis une heure sollicitait une galope. Pour se distraire de son malheur en philosophie, Mathilde voulut être parfaitement séduisante : M. de Croisenois fut ravi.

Mais, ni la danse, ni le désir de plaire à l'un des plus jolis hommes de la cour, rien ne put distraire Mathilde ; il était impossible d'avoir plus de succès. Elle était la reine du bal, elle le voyait, mais avec froideur.

Quelle vie effacée je vais passer avec un être tel que Croisenois! se disait-elle, comme il la ramenait à sa place une heure après..... Où est le plaisir pour moi, ajouta-t-elle tristement, si après six mois d'absence, je ne le trouve pas au milieu d'un bal, qui fait l'envie de toutes les femmes de Paris? Et encore j'y suis environnée des hommages d'une société que je ne puis pas imaginer mieux composée. Il n'y a ici de bourgeois que quelques pairs et un ou deux Julien peut-être. Et cependant, ajoutait-elle avec une tristesse croissante, quels avantages le sort ne m'a-t-il pas donnés : illustration, fortune, jeunesse! hélas! tout, excepté le bonheur.

Les plus douteux de mes avantages sont encore ceux dont ils m'ont parlé toute la soirée. L'esprit, j'y crois, car je leur fais peur évidemment à tous. S'ils osent aborder un sujet sérieux, au bout de cinq minutes de conversation, ils arrivent tout hors d'haleine, et comme faisant une grande découverte à une chose que je leur répète depuis une heure. Je suis belle, j'ai cet avantage pour lequel madame de Staël eût tout sacrifié, et pourtant il est de fait que je meurs d'ennui. Y a-t-il une raison pour que je m'ennuie moins quand j'aurai changé mon nom pour celui du marquis de Croisenois?

Mais, mon Dieu! ajouta-t-elle presque avec l'envie de pleurer, n'est-ce pas un homme parfait? c'est le chef-d'œuvre de l'éducation de ce siècle; on ne peut le regarder sans qu'il trouve une chose aimable et même spirituelle à vous dire : il est brave..... Mais ce Sorel est singulier, se dit-elle, et son œil quittait l'air morne pour l'air fâché. Je l'ai averti que j'avais à lui parler, et il ne daigne pas reparaître.

CHAPITRE XXXIX

LE BAL

> Le luxe des toilettes, l'éclat des bougies, les parfums; tant de jolis bras, de belles épaules! des bouquets! des airs de Rossini qui enlèvent, des peintures de Cicéri! Je suis hors de moi!
> *Voyages d'Uzeri.*

XXXIX

— Vous avez de l'humeur, lui dit la marquise de La Mole, je vous en avertis; c'est de mauvaise grâce au bal.

— Je ne me sens que mal à la tête, répondit Mathilde d'un air dédaigneux, il fait trop chaud ici.

A ce moment, comme pour justifier mademoiselle de La Mole, le vieux baron de Tolly se trouva mal, et tomba; on fut obligé de l'emporter. On parla d'apoplexie, ce fut un événement désagréable.

Mathilde ne s'en occupa point. C'était un parti pris, chez elle, de ne regarder jamais les vieillards, et tous les êtres reconnus pour dire des choses tristes.

Elle dansa pour échapper à la conversation sur l'apoplexie, qui n'en était pas une, car le surlendemain le baron reparut.

Mais M. Sorel ne vient point, se dit-elle encore, après qu'elle eut dansé. Elle le cherchait presque des yeux, lorsqu'elle l'aperçut dans un autre salon. Chose étonnante, il semblait avoir perdu ce ton de froideur impassible qui lui était si naturel ; il n'avait plus l'air anglais.

Il cause avec le comte Altamira, mon condamné à mort! se dit Mathilde. Son œil est plein d'un feu sombre ; il a l'air d'un prince déguisé ; son regard a redoublé d'orgueil.

Julien se rapprochait de la place où elle était, toujours causant avec Altamira ; elle le regardait fixement, étudiant ses traits pour y chercher ces hautes qualités qui peuvent valoir à un homme l'honneur d'être condamné à mort.

Comme il passait près d'elle :

— Oui, disait-il au comte Altamira, Danton était un homme!

O ciel ! serait-il un Danton ? se dit Mathilde ; mais il a une figure si noble, et ce Danton était si horriblement laid, un boucher, je crois. Julien était encore assez près d'elle, elle n'hésita pas à l'appeler; elle avait la conscience et l'orgueil de faire une question extraordinaire pour une jeune fille.

— Danton n'était-il pas un boucher? lui dit-elle.

— Oui, aux yeux de certaines personnes, lui répondit Julien, avec l'expression du mépris le plus mal déguisé, et l'œil encore enflammé de sa conversation avec Altamira, mais malheureusement pour les gens bien nés, il était avocat à Méry-sur-Seine; c'est-à-dire, mademoiselle, ajouta-t-il d'un air méchant, qu'il a commencé comme plusieurs pairs que je vois ici. Il est vrai que Danton avait un désavantage énorme aux yeux de la beauté : il était fort laid.

Ces derniers mots furent dits rapidement, d'un air extraordinaire et assurément fort peu poli.

Julien attendit un instant, le haut du corps légèrement penché, et avec un air orgueilleusement humble. Il semblait dire : Je suis payé pour vous répondre, et je vis de ma paye. Il ne daignait pas lever l'œil sur Mathilde. Elle, avec ses beaux yeux ouverts extraordinairement et fixés sur lui, avait l'air de son esclave. Enfin, comme le silence continuait, il la regarda ainsi qu'un valet regarde son maître, afin de prendre des ordres. Quoique ses yeux rencontrassent en plein ceux de Mathilde, toujours fixés sur lui avec un regard étrange, il s'éloigna avec un empressement marqué.

Lui, qui est réellement si beau, se dit enfin Mathilde, sortant de sa rêverie, faire un tel éloge de la laideur! jamais de retour sur lui-même! Il n'est pas comme Caylus ou Croisenois. Ce Sorel a quelque chose de l'air que mon père prend quand il fait si bien Napoléon au bal. Elle avait tout à fait oublié Danton. Décidément, ce soir, je m'ennuie. Elle saisit le bras de son frère, et, à son grand chagrin, le força de faire un tour dans le bal. L'idée lui vint de suivre la conversation du condamné à mort avec Julien.

La foule était énorme. Elle parvint cependant à les rejoindre au moment où, à deux pas devant elle, Altamira s'approchait d'un plateau pour prendre une glace. Il parlait à Julien, le corps à demi tourné. Il vit un bras d'habit brodé qui prenait une glace à côté de la sienne. La broderie sembla exciter son attention; il se retourna tout à fait pour voir le personnage à qui appartenait ce bras. A l'instant, ces yeux si nobles et si naïfs prirent une légère expression de dédain.

— Vous voyez cet homme, dit-il assez bas à Julien; c'est le prince d'Araceli, ambassadeur de ***. Ce matin il a demandé mon extradition à votre ministre des affaires étrangères de France, M. de Nerval. Tenez, le voilà là-bas, qui joue au whist. M. de Nerval est assez disposé à me livrer, car nous vous avons donné deux ou trois conspirateurs en 1816. Si l'on me rend à mon roi, je suis pendu dans les vingt-quatre heures. Et ce sera quelqu'un de ces jolis messieurs à moustaches qui *m'empoignera*.

— Les infâmes! s'écria Julien à demi haut.

Mathilde ne perdait pas une syllabe de leur conversation. L'ennui avait disparu.

— Pas si infâmes, reprit le comte Altamira. Je vous ai parlé de moi pour vous frapper d'une image vive. Regardez le prince d'Araceli; toutes les cinq minutes, il jette les yeux sur sa toison d'or; il ne revient pas du plaisir de voir ce colifichet sur sa poitrine. Ce pauvre homme n'est au fond qu'un anachronisme. Il y a cent ans, la toison était un honneur insigne, mais alors elle eût passé bien au-dessus de sa tête. Aujourd'hui, parmi les gens bien nés, il faut être un Araceli pour en être enchanté. Il eût fait pendre toute une ville pour l'obtenir.

— Est-ce à ce prix qu'il l'a eue? dit Julien avec anxiété.

— Non, pas précisément, répondit Altamira froidement; il a peut-être fait jeter à la rivière une trentaine de riches propriétaires de son pays, qui passaient pour libéraux.

— Quel monstre! dit encore Julien.

Mademoiselle de La Mole, penchant la tête avec le plus vif intérêt, était si près de lui, que ses beaux cheveux touchaient presque son épaule.

— Vous êtes bien jeune! répondait Altamira. Je vous disais que j'ai une sœur mariée en Provence; elle est encore jolie, bonne, douce; c'est une excellente mère de famille, fidèle à tous ses devoirs, pieuse et non dévote.

Où veut-il en venir? pensait mademoiselle de La Mole.

— Elle est heureuse, continua le comte Altamira; elle l'était en 1815. Alors j'étais caché chez elle, dans sa terre près d'Antibes; eh bien, au moment où elle apprit l'exécution du maréchal Ney, elle se mit à danser!

— Est-il possible? dit Julien atterré.

— C'est l'esprit de parti, reprit Altamira. Il n'y a plus de passions véritables au XIXe siècle; c'est pour cela que l'on s'ennuie tant en France. On fait les plus grandes cruautés, mais sans cruauté.

— Tant pis, dit Julien, du moins quand on fait des crimes faut-il les faire avec plaisir; ils n'ont que cela de bon, et l'on ne peut même les justifier un peu que par cette raison.

Mademoiselle de La Mole, oubliant tout à fait ce qu'elle se devait à elle-même, s'était placée presque entièrement entre Altamira et Julien. Son frère, qui lui donnait le bras, accoutumé à lui obéir, regardait ailleurs dans la salle, et pour se donner une contenance, avait l'air d'être arrêté par la foule.

— Vous avez raison, disait Altamira; on fait tout sans plaisir et sans s'en souvenir, même les crimes. Je puis vous montrer dans ce bal dix hommes peut-être qui seront damnés comme assassins. Ils l'ont oublié et le monde aussi[1].

Plusieurs sont émus jusqu'aux larmes si leur chien se casse la patte. Au Père-La-Chaise, quand on jette des fleurs sur leur tombe, comme vous dites si plaisamment à Paris, on nous apprend qu'ils réunissaient toutes les vertus des preux chevaliers, et l'on parle des grandes actions de leur bisaïeul qui vivait sous Henri IV. Si, malgré les bons offices du prince d'Araceli, je ne suis pas pendu et que je jouisse jamais de ma fortune à Paris, je veux vous faire dîner avec huit ou dix assassins honorés et sans remords.

Vous et moi, à ce dîner, nous serons les seuls purs de sang, mais je serai méprisé et presque haï, comme un monstre sanguinaire et jacobin, et vous, méprisé simplement comme homme du peuple intrus dans la bonne compagnie.

— Rien de plus vrai, dit mademoiselle de La Mole.

Altamira la regarda étonné, Julien ne daigna pas la regarder.

---

1. C'est un mécontent qui parle. (*Note de Molière au Tartufe.*)

— Notez que la révolution à la tête de laquelle je me suis trouvé, continua le comte Altamira, n'a pas réussi uniquement parce que je n'ai pas voulu faire tomber trois têtes et distribuer à nos partisans sept à huit millions qui se trouvaient dans une caisse dont j'avais la clef. Mon roi qui, aujourd'hui, brûle de me faire pendre, et qui avant la révolte me tutoyait, m'eût donné le grand cordon de son ordre si j'avais fait tomber ces trois têtes, et distribuer l'argent de ces caisses, car j'aurais obtenu au moins un demi-succès, et mon pays eût eu une charte telle quelle.... Ainsi va le monde, c'est une partie d'échecs.

— Alors, reprit Julien l'œil en feu, vous ne saviez pas le jeu, maintenant...

— Je ferais tomber des têtes, voulez-vous dire, et je ne serais pas un girondin comme vous me le faisiez entendre l'autre jour?... Je vous répondrai, dit Altamira d'un air triste, quand vous aurez tué un homme en duel, ce qui encore est bien moins laid que de le faire exécuter par un bourreau.

— Ma foi, dit Julien, qui veut la fin veut les moyens; si au lieu d'être un atome, j'avais quelque pouvoir, je ferais pendre trois hommes pour sauver la vie à quatre.

Ses yeux exprimaient le feu de la conscience et le mépris des vains jugemens des hommes;

ils rencontrèrent ceux de mademoiselle de La Mole tout près de lui, et ce mépris, loin de se changer en air gracieux et civil, sembla redoubler.

Elle en fut profondément choquée, mais il ne fut plus en son pouvoir d'oublier Julien; elle s'éloigna avec dépit, entraînant son frère.

Il faut que je prenne du punch et que je danse beaucoup, se dit-elle, je veux choisir ce qu'il y a de mieux et faire effet à tout prix. Bon, voici ce fameux impertinent le comte de Fervaques. Elle accepta son invitation, ils dansèrent. Il s'agit de voir, pensa-t-elle, qui des deux sera le plus impertinent; mais pour me moquer pleinement de lui, il faut que je le fasse parler. Bientôt tout le reste de la contredanse ne dansa que par contenance. On ne voulait pas perdre une des reparties piquantes de Mathilde. M. de Fervaques se troublait, et ne trouvant que des paroles élégantes au lieu d'idées, faisait des mines; Mathilde, qui avait de l'humeur, fut cruelle pour lui, et s'en fit un ennemi. Elle dansa jusqu'au jour, et enfin se retira horriblement fatiguée. Mais en voiture, le peu de forces qui lui restait était encore employé à la rendre triste et malheureuse. Elle avait été méprisée par Julien, et ne pouvait le mépriser.

Julien était au comble du bonheur, ravi à son

insu par la musique, les fleurs, les belles femmes, l'élégance générale, et plus que tout par son imagination qui rêvait des distinctions pour lui et la liberté pour tous. — Quel beau bal! dit-il au comte, rien n'y manque.

— Il y manque la pensée, répondit Altamira.

Et sa physionomie trahissait ce mépris, qui n'en est que plus piquant, parce qu'on voit que la politesse s'impose le devoir de le cacher.

— Vous y êtes, monsieur le comte. N'est-ce pas, la pensée et conspirante encore?

— Je suis ici à cause de mon nom. Mais on hait la pensée dans vos salons. Il faut qu'elle ne s'élève pas au-dessus de la pointe d'un couplet de vaudeville, alors on la récompense. Mais l'homme qui pense, s'il a de l'énergie et de la nouveauté dans ses saillies, vous l'appelez *cynique*. N'est-ce pas ce nom-là qu'un de vos juges a donné à Courier? Vous l'avez mis en prison, ainsi que Béranger. Tout ce qui vaut quelque chose chez vous par l'esprit, la congrégation le jette à la police correctionnelle; et la bonne compagnie applaudit.

C'est que votre société vieillie prise avant tout les convenances..... Vous ne vous élèverez jamais au-dessus de la bravoure militaire; vous aurez des Murat et jamais de Washington. Je ne vois en France que de la vanité. Un homme qui invente en parlant arrive facilement à une saillie imprudente, et le maître de la maison se croit déshonoré.

A ces mots, la voiture du comte, qui ramenait Julien, s'arrêta devant l'hôtel de La Mole. Julien était amoureux de son conspirateur. Altamira lui avait fait ce beau compliment, évidemment échappé à une profonde conviction : Vous n'avez pas la légèreté française, et comprenez le principe de l'*utilité*. Il se trouvait que, justement l'avant-veille, Julien avait vu *Marino Faliero*, tragédie de M. Casimir Delavigne.

Israël Bertuccio n'a-t-il pas plus de caractère que tous ces nobles vénitiens? se disait notre plébéien révolté; et cependant ce sont des gens dont la noblesse prouvée remonte à l'an 700, un siècle avant Charlemagne, tandis que tout ce qu'il y avait de plus noble ce soir, au bal de M. de Retz, ne remonte, et encore clopin-clopant, que jusqu'au XIIIe siècle. Eh bien! au milieu de ces nobles de Venise, si grands par la naissance, c'est d'Israël Bertuccio qu'on se souvient.

Une conspiration anéantit tous les titres donnés par les caprices sociaux. Là, un homme prend d'emblée le rang que lui assigne sa manière d'envisager la mort. L'esprit lui-même perd de son empire...

Que serait Danton aujourd'hui, dans ce siècle des Valenod et des Rênal? pas même substitut du procureur du roi.....

Que dis-je? il se serait vendu à la congrégation; il serait ministre, car enfin ce grand Danton a volé. Mirabeau aussi s'est vendu. Napoléon avait volé des millions en Italie, sans quoi il eût été arrêté tout court par la pauvreté, comme Pichegru. La Fayette seul n'a jamais volé. Faut-il voler, faut-il se vendre? pensa Julien. Cette question l'arrêta tout court. Il passa le reste de la nuit à lire l'histoire de la Révolution.

Le lendemain, en faisant ses lettres dans la bibliothèque, il ne songeait encore qu'à la conversation du comte Altamira.

Dans le fait, se disait-il, après une longue rêverie, si ces Espagnols libéraux avaient compromis le peuple par des crimes, on ne les eût pas balayés avec cette facilité. Ce furent des enfans orgueilleux et bavards..... comme moi! s'écria tout à coup Julien, comme se réveillant en sursaut.

Qu'ai-je fait de difficile qui me donne le droit de juger de pauvres diables, qui enfin, une fois en la vie, ont osé, ont commencé à agir? Je suis comme un homme qui au sortir de table s'écrie : Demain je ne dînerai pas; ce qui ne m'empêchera point d'être fort et allègre comme je le suis aujourd'hui. Qui sait ce qu'on éprouve à moitié chemin d'une grande action?.... Ces hautes pensées furent troublées par l'arrivée imprévue de mademoiselle de La Mole, qui entrait dans la bibliothèque. Il était tellement animé par son admiration pour les grandes qualités de Danton, de Mirabeau, de Carnot, qui ont su n'être pas vaincus, que ses yeux s'arrêtèrent sur mademoiselle de La Mole, mais sans songer à elle, sans la saluer, sans presque la voir. Quand enfin ses grands yeux si ouverts s'aperçurent de sa présence, son regard s'éteignit. Mademoiselle de La Mole le remarqua avec amertume.

En vain elle lui demanda un volume de l'histoire de France de Vély, placé au rayon le plus élevé, ce qui obligeait Julien à aller chercher la plus grande des deux échelles ; Julien avait approché l'échelle, il avait cherché le volume, il le lui avais remis, sans encore pouvoir songer à elle. En remportant l'échelle, dans sa préoccupation, il donna un coup de coude dans une des glaces de la bibliothèque ; les éclats, en tombant sur le parquet, le réveillèrent enfin. Il se hâta de faire des excuses à mademoiselle de La Mole ; il voulut être poli, mais il ne fut que poli. Mathilde vit avec évidence qu'elle l'avait troublé, et qu'il eût mieux aimé songer à ce qui l'occupait avant son arrivée, que lui parler. Après l'avoir beaucoup regardé, elle s'en alla lentement. Julien la regardait marcher. Il jouissait du contraste de la simplicité de sa toilette actuelle, avec l'élégance magnifique de celle de la veille. La différence entre les deux physionomies était presque aussi frappante. Cette jeune fille, si altière au bal du duc de Retz, avait presque en ce moment un regard suppliant. Réellement, se dit Julien, cette robe noire fait briller encore mieux la beauté de sa taille. Elle a un port de reine, mais pourquoi est-elle en deuil?

Si je demande à quelqu'un la cause de ce deuil, il se trouvera que je commets encore une gaucherie. Julien était tout à fait sorti des profondeurs de son enthousiasme. Il faut que je relise toutes les lettres que j'ai faites ce matin; Dieu sait les mots sautés et les balourdises que j'y trouverai. Comme il lisait avec une attention forcée la première de ces lettres, il entendit tout près de lui le bruissement d'une robe de soie; il se retourna rapidement; mademoiselle de La Mole était à deux pas de sa table, elle riait. Cette seconde interruption donna de l'humeur à Julien.

Pour Mathilde, elle venait de sentir vivement qu'elle n'était rien pour ce jeune homme; ce rire était fait pour cacher son embarras, elle y réussit.

— Évidemment, vous songez à quelque chose de bien intéressant, monsieur Sorel. N'est-ce point quelque anecdote curieuse sur la conspiration qui nous a envoyé à Paris M. le comte Altamira? Dites-moi ce dont il s'agit, je brûle de le savoir; je serai discrète, je vous le jure. Elle fut étonnée de ce mot en se l'entendant prononcer. Quoi donc, elle suppliait un subalterne! Son embarras augmentant, elle ajouta d'un petit air léger :

— Qu'est-ce qui a pu faire de vous, ordinairement si froid, un être inspiré, une espèce de prophète de Michel-Ange?

Cette vive et indiscrète interrogation, blessant Julien profondément, lui rendit toute sa folie.

— Danton a-t-il bien fait de voler? lui dit-il brusquement, et d'un air qui devenait de plus en plus farouche. Les révolutionnaires du Piémont, de l'Espagne, devaient-ils compromettre le peuple par des crimes? donner à des gens même sans mérite toutes les places de l'armée, toutes les croix? les gens qui auraient porté ces croix n'eussent-ils pas redouté le retour du roi? fallait-il mettre le trésor de Turin au pillage? en un mot, mademoiselle, dit-il en s'approchant d'elle d'un air terrible, l'homme qui veut chasser l'ignorance et le crime de la terre, doit-il passer comme la tempête et faire le mal comme au hasard?

Mathilde eut peur, ne put soutenir son regard, et recula deux pas. Elle le regarda un instant; puis, honteuse de sa peur, d'un pas léger elle sortit de la bibliothèque.

CHAPITRE XL

LA REINE MARGUERITE

> Amour! dans quelle folie ne parviens-tu pas à nous faire trouver du plaisir!
> *Lettre d'une* Religieuse portugaise.

XL

Julien relut ses lettres. Quand la cloche du dîner se fit entendre : Combien je dois avoir été ridicule aux yeux de cette poupée parisienne! se dit-il; quelle folie de lui dire réellement ce à quoi je pensais! mais peut-être folie pas si grande. La vérité dans cette occasion était digne de moi.

Pourquoi aussi venir m'interroger sur des choses intimes? cette question est indiscrète de sa part. Elle a manqué d'usage. Mes pensées sur

Danton ne font point partie du service pour lequel son père me paye.

En arrivant dans la salle à manger, Julien fut distrait de son humeur par le grand deuil de mademoiselle de La Mole, qui le frappa d'autant plus qu'aucune autre personne de la famille n'était en noir.

Après dîner, il se trouva tout à fait débarrassé de l'accès d'enthousiasme qui l'avait obsédé toute la journée. Par bonheur, l'académicien qui savait le latin était de ce dîner. Voilà l'homme qui se moquera le moins de moi, se dit Julien, si, comme je le présume, ma question sur le deuil de mademoiselle de La Mole est une gaucherie.

Mathilde le regardait avec une expression singulière. Voilà bien la coquetterie des femmes de ce pays telle que Madame de Rênal me l'avait peinte, se dit Julien. Je n'ai pas cédé à la fantaisie qu'elle avait de causer. J'en augmente de prix à ses yeux. Sans doute le diable n'y perd rien. Plus tard, sa hauteur dédaigneuse saura bien se venger. Je la mets à pis faire. Quelle différence avec ce que j'ai perdu! quel naturel charmant! quelle naïveté! Je savais ses pensées avant elle, je les voyais naître, je n'avais pour antagoniste, dans son cœur, que la peur de la mort de ses enfans; c'était une affection raisonnable et naturelle, aimable même pour moi qui en souffrais. J'ai été un sot. Les idées que je me faisais de Paris m'ont empêché d'apprécier cette femme sublime.

Quelle différence, grand Dieu! et qu'est-ce que je trouve ici? de la vanité sèche et hautaine, toutes les nuances de l'amour-propre et rien de plus.

On se levait de table. Ne laissons pas engager mon académicien, se dit Julien. Il s'approcha de lui comme on passait au jardin, prit un air doux et soumis, et partagea sa fureur contre le succès d'*Hernani*.

— Si nous étions encore au temps des lettres de cachet..., dit-il.

— Alors il n'eût pas osé! s'écria l'académicien avec un geste à la Talma.

A propos d'une fleur, Julien cita quelques mots des Géorgiques de Virgile, et trouva que rien n'était égal aux vers de l'abbé Delille. En un mot, il flatta l'académicien de toutes les façons. Après quoi, de l'air le plus indifférent : Je suppose, lui dit-il, que mademoiselle de La Mole a hérité de quelque oncle dont elle porte le deuil.

— Quoi! vous êtes de la maison, dit l'académicien en s'arrêtant tout court, et vous ne savez pas sa folie? Au fait, il est étrange que sa mère lui permette de telles choses; mais entre nous, ce n'est pas précisément par la force du caractère qu'on brille dans cette maison. Mademoiselle Mathilde en a pour eux tous et les mène. C'est aujourd'hui le 30 avril! et l'académicien s'arrêta en regardant Julien d'un air fin. Julien sourit de l'air le plus spirituel qu'il put.

Quel rapport peut-il y avoir entre mener toute une maison, porter une robe noire et le 30 avril? se disait-il. Il faut que je sois encore plus gauche que je ne le pensais.

— Je vous avouerai..... dit-il à l'académicien, et son œil continuait à interroger. — Faisons un tour de jardin, dit l'académicien entrevoyant avec ravissement l'occasion de faire une longue narration élégante.

— Quoi! est-il bien possible que vous ne sachiez pas ce qui s'est passé le 30 avril 1574?

— Et où? dit Julien étonné.

— En place de Grève.

Julien était si étonné, que ce mot ne le mit pas au fait. La curiosité, l'attente d'un intérêt tragique si en rapport avec son caractère lui donnaient ces yeux brillans qu'un narrateur aime tant à voir chez la personne qui écoute. L'académicien, ravi de trouver une oreille vierge, raconta longuement à Julien comme quoi, le 30 avril 1574, le plus joli garçon de son siècle, Boniface de La Mole et Annibal de Coconasso, gentilhomme piémontais, son ami, avaient eu la tête tranchée en place de Grève. La Mole était l'amant adoré de la reine Marguerite de Navarre, et remarquez, ajouta l'académicien, que mademoiselle de La Mole s'appelle *Mathilde Marguerite*. La Mole était en même temps le favori du duc d'Alençon et l'intime ami du roi de Navarre depuis Henri IV, mari de sa maîtresse. Le jour du mardi-gras de cette année 1574, la cour se trouvait à Saint-Germain avec le pauvre roi Charles IX qui s'en allait mourant. La Mole voulut enlever les princes ses amis que la reine Catherine de Médicis retenait comme prisonniers à la cour. Il fit avancer 200 chevaux sous les murs de Saint-Germain, le duc d'Alençon eut peur, et La Mole fut jeté au bourreau.

Mais ce qui touche mademoiselle Mathilde, ce qu'elle m'a avoué elle-même, il y a sept à huit ans, quand elle en avait douze, car c'est une tête, une tête!.... et l'académicien leva les yeux au ciel. Ce qui l'a frappée dans cette catastrophe politique, c'est que la reine Marguerite de Navarre, cachée dans une maison de la place de Grève, osa faire demander au bourreau la tête de son amant. Et la nuit suivante, à minuit, elle prit cette tête dans sa voiture, et alla l'enterrer elle-même dans une chapelle située au pied de la colline de Montmartre.

— Est-il possible? s'écria Julien touché.

— Mademoiselle Mathilde méprise son frère,

parce que, comme vous le voyez, il ne songe nullement à toute cette histoire ancienne, et ne prend point le deuil le 30 avril. C'est depuis ce fameux supplice, et pour rappeler l'amitié intime de La Mole pour Coconasso, lequel Coconasso, comme un Italien qu'il était, s'appelait Annibal, que tous les hommes de cette famille portent ce nom. Et, ajouta l'académicien en baissant la voix, ce Coconasso fut, au dire de Charles IX lui-même, l'un des plus cruels assassins du 24 août 1572... Mais comment est-il possible, mon cher Sorel, que vous ignoriez ces choses, vous commensal de cette maison?

— Voilà donc pourquoi, deux fois à dîner, mademoiselle de La Mole a appelé son frère Annibal. Je croyais avoir mal entendu.

— C'était un reproche. Il est étrange que la marquise souffre de telles folies..... Le mari de cette grande fille en verra de belles!

Ce mot fut suivi de cinq ou six phrases satiriques. La joie et l'intimité qui brillaient dans les yeux de l'académicien choquèrent Julien. Nous voici deux domestiques occupés à médire de leurs maîtres, pensa-t-il. Mais rien ne doit m'étonner de la part de cet homme d'académie.

Un jour, Julien l'avait surpris aux genoux de la marquise de La Mole; il lui demandait une recette de tabac pour un neveu de province. Le soir, une petite femme de chambre de mademoiselle de La Mole, qui faisait la cour à Julien, comme jadis Élisa, lui donna cette idée, que le deuil de sa maîtresse n'était point pris pour attirer les regards. Cette bizarrerie tenait au fond de son caractère. Elle aimait réellement ce La Mole, amant aimé de la reine la plus spirituelle de son siècle, et qui mourut pour avoir voulu rendre la liberté à ses amis. Et quels amis ! le premier prince du sang et Henri IV.

Accoutumé au naturel parfait qui brillait dans toute la conduite de madame de Rênal, Julien ne voyait qu'affectation dans toutes les femmes de Paris ; et, pour peu qu'il fût disposé à la tristesse, ne trouvait rien à leur dire. Mademoiselle de La Mole fit exception.

Il commençait à ne plus prendre pour de la sécheresse de cœur le genre de beauté qui tient à la noblesse du maintien. Il eut de longues conversations avec mademoiselle de La Mole, qui, quelquefois après dîner, se promenait avec lui dans le jardin, le long des fenêtres ouvertes du salon. Elle lui dit un jour qu'elle lisait l'histoire de d'Aubigné et Brantôme. Singulière lecture, pensa Julien ; et la marquise ne lui permet pas de lire les romans de Walter Scott !

Un jour elle lui raconta, avec ses yeux brillans de plaisir, qui prouvent la sincérité de l'admiration, ce trait d'une jeune femme du règne de Henri III, qu'elle venait de lire dans les Mémoires de l'Étoile : Trouvant son mari infidèle, elle le poignarda.

L'amour-propre de Julien était flatté. Une personne environnée de tant de respects, et qui, au dire de l'académicien, menait toute la maison, daignait lui parler d'un air qui pouvait presque ressembler à de l'amitié.

Je m'étais trompé, pensa bientôt Julien; ce n'est pas de la familiarité, je ne suis qu'un confident de tragédie : c'est le besoin de parler. Je passe pour savant dans cette famille. Je m'en vais lire Brantôme, d'Aubigné, l'Étoile. Je pourrai contester quelques-unes des anecdotes dont me parle mademoiselle de La Mole. Je veux sortir de ce rôle de confident passif.

Peu à peu ses conversations avec cette jeune fille d'un maintien si imposant et en même temps si aisé, devinrent plus intéressantes. Il oubliait son triste rôle de plébéien révolté. Il la trouvait savante et même raisonnable. Ses opinions dans le jardin étaient bien différentes de celles qu'elle avouait au salon. Quelquefois elle avait avec lui un enthousiasme et une franchise qui formaient un contraste parfait avec sa manière d'être ordinaire, si altière et si froide.

— Les guerres de la ligue sont les temps héroïques de la France, lui disait-elle un jour, avec des yeux étincelans de génie et d'enthousiasme. Alors chacun se battait pour obtenir une certaine chose qu'il désirait, pour faire triompher son parti, et non pas pour gagner platement une croix comme du temps de votre empereur. Convenez qu'il y avait moins d'égoïsme et de petitesse. J'aime ce siècle.

— Et Boniface de La Mole en fut le héros, lui dit-il.

— Du moins il fut aimé comme peut-être il est doux de l'être. Quelle femme actuellement vivante n'aurait horreur de toucher à la tête de son amant décapité?

Madame de La Mole appela sa fille. L'hypocrisie pour être utile doit se cacher; et Julien, comme on voit, avait fait à mademoiselle de La Mole une demi-confidence sur son admiration pour Napoléon.

Voilà l'immense avantage qu'ils ont sur nous, se dit Julien, resté seul au jardin. L'histoire de leurs aïeux les élève au-dessus des sentimens vulgaires, et ils n'ont pas toujours à songer à leur subsistance! Quelle misère! ajoutait-il avec amertume, je suis indigne de raisonner sur ces grands intérêts. Ma vie n'est qu'une suite d'hypocrisies, parce que je n'ai pas mille francs de rente pour acheter du pain.

— A quoi rêvez-vous là, monsieur? lui dit Mathilde qui revenait en courant.

Julien était las de se mépriser. Par orgueil, il dit franchement sa pensée. Il rougit beaucoup en parlant de sa pauvreté à une personne aussi riche. Il chercha à bien exprimer par son ton fier qu'il ne demandait rien. Jamais il n'avait semblé aussi joli à Mathilde; elle lui trouva une expression de sensibilité et de franchise qui souvent lui manquait.

A moins d'un mois de là, Julien se promenait pensif, dans le jardin de l'hôtel de La Mole, mais sa figure n'avait plus la dureté et la roguerie philosophique qu'y imprimait le sentiment continu de son infériorité. Il venait de reconduire jusqu'à la porte du salon mademoiselle de La Mole, qui prétendait s'être fait mal au pied en courant avec son frère.

Elle s'est appuyée sur mon bras d'une façon bien singulière, se disait Julien. Suis-je un fat, ou serait-il vrai qu'elle a du goût pour moi? Elle m'écoute d'un air si doux, même quand je lui avoue toutes les souffrances de mon orgueil! Elle qui a tant de fierté avec tout le monde. On serait bien étonné au salon si on lui voyait cette physionomie. Très-certainement cet air doux et bon, elle ne l'a avec personne.

Julien cherchait à ne pas s'exagérer cette singulière amitié. Il la comparait lui-même à un commerce armé. Chaque jour en se retrouvant, avant de reprendre le ton presque intime de la veille, on se demandait presque : Serons-nous aujourd'hui amis ou ennemis? Julien avait compris que se laisser offenser impunément une seule fois par cette fille si hautaine, c'était tout perdre. Si je dois me brouiller, ne vaut-il pas mieux que ce soit de prime abord, en défendant les justes droits de mon orgueil, qu'en repoussant les marques de mépris dont serait bientôt suivi le moindre abandon de ce que je dois à ma dignité personnelle?

Plusieurs fois, en des jours de mauvaise humeur, Mathilde essaya de prendre avec lui le ton d'une grande dame; elle mettait une rare finesse à ces tentatives, mais Julien les repoussait rudement.

Un jour il l'interrompit brusquement : Mademoiselle de La Mole a-t-elle quelque ordre à donner au secrétaire de son père? lui dit-il; il doit écouter ses ordres et les exécuter avec respect, mais du reste, il n'a pas un mot à lui adresser. Il n'est point payé pour lui communiquer ses pensées.

Cette manière d'être, et les singuliers doutes qu'avait Julien, firent disparaître l'ennui qu'il trouvait régulièrement dans ce salon si magnifique, mais où l'on avait peur de tout, et où il n'était convenable de plaisanter de rien.

Il serait plaisant qu'elle m'aimât! Qu'elle m'aime ou non, continuait Julien, j'ai pour confidente intime une fille d'esprit, devant laquelle je vois trembler toute la maison, et plus que tout les autres le marquis de Croisenois. Ce jeune homme si poli, si doux, si brave, et qui réunit tous les avantages de naissance et de fortune dont un seul me mettrait le cœur si à l'aise! Il en est amoureux fou, il doit l'épouser. Que de lettres M. de La Mole m'a fait écrire aux deux notaires pour arranger le contrat! Et moi qui me vois si subalterne la plume à la main, deux heures, après, ici dans le jardin, je triomphe de ce jeune homme si aimable, car enfin, les préférences sont frappantes, directes. Peut-être aussi elle hait en lui un mari futur. Elle a assez de hauteur pour cela. Et les bontés qu'elle a pour moi, je les obtiens à titre de confident subalterne!

Mais non, ou je suis fou, ou elle me fait la cour; plus je me montre froid et respectueux avec elle, plus elle me recherche. Ceci pourrait être un parti pris, une affectation; mais je vois ses yeux s'animer, quand je parais à l'improviste. Les femmes de Paris savent-elles feindre à ce point? Que m'importe! j'ai l'apparence pour moi, jouissons des apparences. Mon Dieu, qu'elle est belle! Que ses grands yeux bleus me plaisent, vus de près, et me regardant comme ils le font souvent! Quelle différence de ce printemps-ci à celui de l'année passée, quand je vivais malheureux et me soutenant à force de caractère, au milieu de ces trois cents hypocrites méchans et sales! J'étais presque aussi méchant qu'eux.

Dans les jours de méfiance : Cette jeune fille se moque de moi, pensait Julien. Elle est d'accord avec son frère pour me mystifier. Mais elle a l'air de tellement mépriser le manque d'énergie de ce frère! Il est brave, et puis c'est tout, me dit-elle. Il n'a pas une pensée qui ose s'écarter de la mode. C'est toujours moi qui suis obligée de prendre sa défense. Une jeune fille de dix-neuf ans! A cet âge peut-on être fidèle à chaque instant de la journée à l'hypocrisie qu'on s'est prescrite?

D'un autre côté, quand mademoiselle de La Mole fixe sur moi ses grands yeux bleus avec une certaine expression singulière, toujours le comte Norbert s'éloigne. Ceci m'est suspect, ne devrait-il pas s'indigner de ce que sa sœur distingue un *domestique* de leur maison; car j'ai entendu le duc de Chaulnes parler ainsi de moi. A ce souvenir la colère remplaçait tout autre sentiment. Est-ce amour du vieux langage chez ce duc maniaque?

Eh bien, elle est jolie! continuait Julien avec des regards de tigre. Je l'aurai, je m'en irai ensuite, et malheur à qui me troublera dans ma fuite!

Cette idée devint l'unique affaire de Julien, il ne pouvait plus penser à rien autre chose. Ses journées passaient comme des heures.

A chaque instant, cherchant à s'occuper de

quelque affaire sérieuse, sa pensée abandonnait tout, et il se réveillait un quart d'heure après, le cœur palpitant, la tête troublée et rêvant à cette idée : M'aime-t-elle?

CHAPITRE XLI

L'EMPIRE D'UNE JEUNE FILLE!

> J'admire sa beauté, mais je crains son esprit.
> MÉRIMÉE.

Dubouchet inv. sculp

XLI

Si Julien eût employé à examiner ce qui se passait dans le salon le temps qu'il mettait à s'exagérer la beauté de Mathilde, ou à se passionner contre la hauteur naturelle à sa famille, qu'elle oubliait pour lui, il eût compris en quoi consistait son empire sur tout ce qui l'entourait. Dès qu'on déplaisait à mademoiselle de La Mole, elle savait punir par une plaisanterie si mesurée, si bien choisie, si convenable en apparence, lancée si à propos, que la blessure croissait à chaque instant, plus on y réfléchissait. Peu à peu elle devenait atroce pour l'amour-propre offensé. Comme elle n'attachait aucun prix à bien des choses qui étaient des objets de désirs sérieux pour le reste de la famille, elle paraissait toujours de sang-froid à leurs yeux. Les salons de l'aristocratie sont agréables à citer, quand on en sort, mais voilà tout; la politesse toute seule n'est quelque chose par elle-même, que les premiers jours. Julien l'éprouvait; après le premier enchantement, le premier étonnement : La politesse, se disait-il, n'est que l'absence de la colère que donneraient les mauvaises manières. Mathilde s'ennuyait souvent, peut-être se fût-elle ennuyée partout. Alors aiguiser une épigramme était pour elle une distraction et un vrai plaisir.

C'était peut-être pour avoir des victimes un peu plus amusantes que ses grands parens, que l'académicien et les cinq ou six autres subalternes qui leur faisaient la cour, qu'elle avait donné des espérances au marquis de Croisenois, au comte de Caylus et deux ou trois autres jeunes gens de la première distinction. Ils n'étaient pour elle que de nouveaux objets d'épigramme.

Nous avouerons avec peine, car nous aimons Mathilde, qu'elle avait reçu des lettres de plusieurs d'entre eux et leur avait quelquefois répondu. Nous nous hâtons d'ajouter que ce personnage fait exception aux mœurs du siècle. Ce n'est pas en général le manque de prudence que l'on peut reprocher aux élèves du noble couvent du Sacré-Cœur.

Un jour le marquis de Croisenois rendit à Mathilde une lettre assez compromettante qu'elle lui avait écrite la veille. Il croyait par cette marque de haute prudence avancer beaucoup ses affaires. Mais c'était l'imprudence que Mathilde aimait dans ses correspondances. Son plaisir était de jouer son sort. Elle ne lui adressa pas la parole de six semaines.

Elle s'amusait des lettres de ces jeunes gens, mais suivant elle, toutes se ressemblaient. C'était toujours la passion la plus profonde, la plus mélancolique.

— Ils sont tous le même homme parfait, prêt à partir pour la Palestine, disait-elle à sa cousine. Connaissez-vous quelque chose de plus insipide? Voilà donc les lettres que je vais recevoir toute la vie! Ces lettres-là ne doivent changer que tous les vingt ans, suivant le genre d'occupation qui est à la mode. Elles devaient être moins décolorées du temps de l'Empire. Alors tous ces jeunes gens du grand monde avaient vu ou fait des actions qui *réellement* avaient de la grandeur. Le duc de N*** mon oncle a été à Wagram.

— Quel esprit faut-il pour donner un coup de sabre? Et quand cela leur est arrivé, ils en parlent si souvent! dit mademoiselle de Sainte-Hérédité, la cousine de Mathilde.

— Eh bien! ces récits me font plaisir. Être dans une *véritable* bataille, une bataille de Napoléon, où l'on tuait dix mille soldats, cela prouve du courage. S'exposer au danger élève l'âme et la sauve de l'ennui où mes pauvres adorateurs semblent plongés, et il est contagieux cet ennui. Lequel d'entre eux a l'idée de faire quelque chose d'extraordinaire? Ils cherchent à obtenir ma main, la belle affaire! Je suis riche et mon père avancera son gendre. Ah! pût-il en trouver un qui fût un peu amusant!

La manière de voir vive, nette, pittoresque de Mathilde, gâtait son langage comme on voit. Souvent un mot d'elle faisait tache aux yeux de ses amis si polis. Ils se seraient presque avoué, si elle eût été moins à la mode, que son parler avait quelque chose d'un peu coloré pour la délicatesse féminine.

Elle, de son côté, était bien injuste envers les jolis cavaliers, qui peuplent le bois de Boulogne. Elle voyait l'avenir non pas avec terreur, c'eût été un sentiment vif, mais avec un dégoût bien rare à son âge.

Que pouvait-elle désirer? la fortune, la haute naissance, l'esprit, la beauté à ce qu'on disait, et à ce qu'elle croyait, tout avait été accumulé sur elle par les mains du hasard.

Voilà quelles étaient les pensées de l'héritière

la plus enviée du faubourg Saint-Germain, quand elle commença à trouver du plaisir à se promener avec Julien. Elle fut étonnée de son orgueil, elle admira l'adresse de ce petit bourgeois. Il saura se faire évêque comme l'abbé Maury, se dit-elle.

Bientôt cette résistance sincère et non jouée, avec laquelle notre héros accueillait plusieurs de ses idées, l'occupa, elle y pensait; elle racontait à son amie les moindres détails des conversations, et trouvait que jamais elle ne parvenait à en bien rendre toute la physionomie.

Une idée l'illumina tout à coup : J'ai le bonheur d'aimer, se dit-elle un jour, avec un transport de joie incroyable. J'aime, j'aime, c'est clair! A mon âge, une fille jeune, belle, spirituelle, où peut-elle trouver des sensations si ce n'est dans l'amour? J'ai beau faire, je n'aurai jamais d'amour pour Croisenois, Caylus, et *tutti quanti*. Ils sont parfaits, trop parfaits peut-être; enfin, ils m'ennuient.

Elle repassa dans sa tête toutes les descriptions de passion qu'elle avait lues dans *Manon Lescaut, la Nouvelle Héloïse,* les Lettres d'une Religieuse portugaise, etc., etc. Il n'était question bien entendu que de la grande passion; l'amour léger était indigne d'une fille de son âge et de sa naissance. Elle ne donnait le nom d'amour qu'à ce sentiment héroïque que l'on rencontrait en France du temps de Henri III et de Bassompierre. Cet amour-là ne cédait point bassement aux obstacles, mais, bien loin de là, faisait faire de grandes choses. Quel malheur pour moi qu'il n'y ait pas une cour véritable comme celle de Catherine de Médicis ou de Louis XIII! Je me sens au niveau de tout ce qu'il y a de plus hardi et de plus grand. Que ne ferais-je pas d'un roi homme de cœur, comme Louis XIII soupirant à mes pieds! Je le mènerais en Vendée, comme dit si souvent le baron de Tolly, et de là il reconquerrait son royaume; alors plus de Charte..... et Julien me seconderait. Que lui manque-t-il? un nom et de la fortune. Il se ferait un nom, il acquerrait de la fortune.

Rien ne manque à Croisenois, et il ne sera toute sa vie qu'un duc à demi ultrà, à demi libéral, un être indécis toujours éloigné des extrêmes, et *par conséquent se trouvant le second partout.*

Quelle est la grande action qui ne soit pas *un extrême* au moment où on l'entreprend ? C'est quand elle est accomplie qu'elle semble possible aux êtres du commun. Oui, c'est l'amour avec tous ses miracles qui va régner dans mon cœur; je le sens au feu qui m'anime. Le ciel me devait cette faveur. Il n'aura pas en vain accumulé sur un seul être tous les avantages. Mon bonheur sera digne de moi. Chacune de mes journées ne ressemblera pas froidement à celle de la veille. Il y a déjà de la grandeur et de l'audace à oser aimer un homme placé si loin de moi par sa position sociale. Voyons : continuera-t-il à me mériter? A la première faiblesse que je vois en lui, je l'abandonne. Une fille de ma naissance, et avec le caractère chevaleresque que l'on veut bien m'accorder (c'était un mot de son père), ne doit pas se conduire comme une sotte.

N'est-ce pas là le rôle que je jouerais si j'aimais le marquis de Croisenois? J'aurais une nouvelle édition du bonheur de mes cousines que je méprise si complètement. Je sais d'avance tout ce que me dirait le pauvre marquis, tout ce que j'aurais à lui répondre. Qu'est-ce qu'un amour qui fait bâiller? autant vaudrait être dévote. J'aurais une signature de contrat comme celle de la cadette de mes cousines, où les grands parens s'attendriraient, si pourtant ils n'avaient pas d'humeur à cause d'une dernière condition introduite la veille dans le contrat par le notaire de la partie adverse.

CHAPITRE XLII

SERAIT-CE UN DANTON?

Le besoin d'anxiété, tel était le caractère de la belle Marguerite de Valois ma tante, qui bientôt épousa le roi de Navarre, que nous voyons de présent régner en France, sous le nom de Henry IVme. Le besoin de jouer formait tout le secret du caractère de cette princesse aimable, de là ses brouilles et ses raccommodemens avec ses frères dès l'âge de seize ans. Or que peut jouer une jeune fille? Ce qu'elle a de plus précieux : sa réputation, la considéraration de toute sa vie.
*Mémoires du duc d'*Angoulême, *fils naturel de Charles IX.*

XLII

Entre Julien et moi il n'y a point de signature de contrat, point de notaire; tout est héroïque, tout sera fils du hasard. A la noblesse près qui lui manque, c'est l'amour de Marguerite de Valois pour le jeune La Mole, l'homme le plus distingué de son temps. Est-ce ma faute à moi si les jeunes gens de la cour sont de si grands partisans du *convenable,* et pâlissent à la seule idée de la moindre aventure un peu singulière? Un petit voyage en Grèce ou en Afrique est pour eux le comble de l'audace, et encore ne savent-ils marcher qu'en troupe. Dès qu'ils se voient seuls, ils ont peur, non de la lance du Bédouin, mais du ridicule, et cette peur les rend fous.

Mon petit Julien, au contraire, n'aime à agir que seul. Jamais, dans cet être privilégié, la moindre idée de chercher de l'appui et du secours dans les autres! il méprise les autres; c'est pour cela que je ne le méprise pas.

Si, avec sa pauvreté, Julien était noble, mon amour ne serait qu'une sottise vulgaire, une mésalliance plate; je n'en voudrais pas; il n'aurait point ce qui caractérise les grandes passions : l'immensité de la difficulté à vaincre et la noire incertitude de l'événement.

Mademoiselle de La Mole était si préoccupée de ces beaux raisonnemens, que le lendemain, sans s'en douter, elle vantait Julien au marquis de Croisenois et à son frère. Son éloquence alla si loin qu'elle les piqua.

— Prenez bien garde à ce jeune homme qui a tant d'énergie, s'écria son frère ; si la révolution recommence, il nous fera tous guillotiner!

Elle se garda de répondre, et se hâta de plaisanter son frère et le marquis de Croisenois sur la peur que leur faisait l'énergie. Ce n'est au fond que la peur de rencontrer l'imprévu, que la crainte de rester court en présence de l'imprévu.....

Toujours, toujours, messieurs, la peur du ridicule, monstre qui par malheur est mort en 1816.

Il n'y a plus de ridicule, disait M. de La Mole, dans un pays où il y a deux partis.

Sa fille avait compris cette idée.

— Ainsi, messieurs, disait-elle aux ennemis de Julien, vous aurez eu bien peur toute votre vie, et après on vous dira :

<blockquote>Ce n'était pas un loup, ce n'en était que l'ombre.</blockquote>

Mathilde les quitta bientôt. Le mot de son frère lui faisait horreur; il l'inquiéta beaucoup; mais, dès le lendemain, elle y voyait la plus belle des louanges.

Dans ce siècle, où toute énergie est morte, son énergie leur fait peur. Je lui dirai le mot de mon frère; je veux voir la réponse qu'il y fera. Mais je choisirai un des momens où ses yeux brillent. Alors il ne peut me mentir.

— Ce serait un Danton! ajouta-t-elle après une longue et indistincte rêverie. Eh bien! la révolution aurait recommencé. Quels rôles joueraient alors Croisenois et mon frère? Il est écrit d'avance : La résignation sublime. Ce seraient des moutons héroïques, se laissant égorger sans mot dire. Leur seule peur en mourant serait encore d'être de mauvais goût. Mon petit Julien brûlerait la cervelle au jacobin qui viendrait l'arrêter, pour peu qu'il eût l'espérance de se sauver. Il n'a pas peur d'être de mauvais goût, lui.

Ce dernier mot la rendit pensive; il réveillait de pénibles souvenirs, et lui ôta toute sa hardiesse. Ce mot lui rappelait les plaisanteries de MM. de Caylus, de Croisenois, de Luz et de son frère. Ces messieurs reprochaient unanimement à Julien l'air *prêtre* : humble et hypocrite.

— Mais, reprit-elle tout à coup, l'œil brillant de joie, l'amertume et la fréquence de leurs plaisanteries prouvent, en dépit d'eux, que c'est l'homme le plus distingué que nous ayons vu cet hiver. Qu'importent ses défauts, ses ridicules? Il a de la grandeur et ils en sont choqués, eux d'ailleurs si bons et si indulgens. Il est sûr qu'il est pauvre et qu'il a étudié pour être prêtre, eux sont chefs d'escadron, et n'ont pas eu besoin d'études; c'est plus commode.

Malgré tous les désavantages de son éternel habit noir et de cette physionomie de prêtre, qu'il lui faut bien avoir, le pauvre garçon, sous peine de mourir de faim, son mérite leur fait peur, rien de plus clair. Et cette physionomie de prêtre, il ne l'a plus, dès que nous sommes quelques instans seuls ensemble. Et quand ces messieurs disent un mot qu'ils croient fin et imprévu, leur premier regard n'est-il pas pour Julien? je l'ai fort bien remarqué. Et pourtant ils savent bien que jamais il ne leur parle, à moins d'être interrogé. Ce n'est qu'à moi qu'il adresse la parole, il me croit l'âme haute. Il ne répond à leurs objections que juste autant qu'il faut pour être poli. Il tourne au respect tout de suite. Avec moi, il discute des heures entières, il n'est pas sûr de ses idées tant que j'y trouve la moindre objection. Enfin tout cet hiver nous n'avons pas eu de coups de fusil; il ne s'est agi que d'attirer l'attention par des paroles. Eh bien, mon père, homme supérieur, et qui portera loin la fortune de notre maison, respecte Julien. Tout le reste le hait, personne ne le méprise que les dévotes amies de ma mère.

Le comte de Caylus avait ou feignait une grande passion pour les chevaux; il passait sa vie dans son écurie et souvent y déjeunait. Cette grande passion, jointe à l'habitude de ne jamais rire, lui donnait beaucoup de considération parmi ses amis : c'était l'aigle de ce petit cercle.

Dès qu'il fut réuni le lendemain derrière la bergère de madame de La Mole, Julien n'étant point présent, M. de Caylus, soutenu par Croisenois et par Norbert, attaqua vivement la bonne opinion que Mathilde avait de Julien, et cela sans à-propos, et presque au premier moment où il vit mademoiselle de La Mole. Elle comprit cette finesse d'une lieue, et en fut charmée.

Les voilà tous ligués, se dit-elle, contre un

homme de génie qui n'a pas dix louis de rente, et qui ne peut leur répondre qu'autant qu'il est interrogé. Ils en ont peur sous son habit noir. Que serait-ce avec des épaulettes?

Jamais elle n'avait été plus brillante. Dès les premières attaques, elle couvrit de sarcasmes plaisans Caylus et ses alliés. Quand le feu des plaisanteries de ces brillans officiers fut éteint :

— Que demain quelque hobereau des montagnes de la Franche-Comté, dit-elle à M. de Caylus, s'aperçoive que Julien est son fils naturel, et lui donne un nom et quelques milliers de francs, dans six semaines il a des moustaches comme vous, messieurs; dans six mois il est officier de housards comme vous, messieurs. Et alors la grandeur de son caractère n'est plus un ridicule. Je vous vois réduit, monsieur le duc futur, à cette ancienne mauvaise raison : la supériorité de la noblesse de cour sur la noblesse de province. Mais que vous restera-t-il si je veux vous pousser à bout, si j'ai la malice de donner pour père à Julien un duc espagnol, prisonnier de guerre à Besançon du temps de Napoléon? et qui, par scrupule de conscience, le reconnaît à son lit de mort. Toutes ces suppositions de naissance non légitime furent trouvées d'assez mauvais goût par MM. de Caylus et de Croisenois. Voilà tout ce qu'ils virent dans le raisonnement de Mathilde.

Quelque dominé que fût Norbert, les paroles

de sa sœur étaient si claires, qu'il prit un air grave qui allait assez mal, il faut l'avouer, à sa physionomie souriante et bonne. Il osa dire quelques mots.

— Êtes-vous malade, mon ami? lui répondit Mathilde, d'un petit air sérieux. Il faut que vous soyez bien mal pour répondre à des plaisanteries par de la morale.

De la morale, vous! est-ce que vous sollicitez une place de préfet?

Mathilde oublia bien vite l'air piqué du comte de Caylus, l'humeur de Norbert et le désespoir silencieux de M. de Croisenois. Elle avait à prendre un parti sur une idée fatale qui venait de saisir son âme.

Julien est assez sincère avec moi, se dit-elle; à son âge, dans une fortune inférieure, malheureux comme il l'est par une ambition étonnante, on a besoin d'une amie. Je suis peut-être cette amie; mais je ne lui vois point d'amour. Avec l'audace de son caractère, il m'eût parlé de cet amour.

Cette incertitude, cette discussion avec soi-même, qui dès cet instant occupa chacun des instants de Mathilde, et pour laquelle, à chaque fois que Julien lui parlait, elle se trouvait de nouveaux argumens, chassa tout à fait ces momens d'ennui auxquels elle était tellement sujette.

Fille d'un homme d'esprit qui pouvait devenir ministre, et rendre ses bois au clergé, mademoiselle de La Mole avait été, au couvent du Sacré-Cœur, l'objet des flatteries les plus excessives. Ce malheur jamais ne se compense. On lui avait persuadé, qu'à cause de tous ses avantages de naissance, de fortune, etc., elle devait être plus heureuse qu'une autre. C'est la source de l'ennui des princes et de toutes leurs folies.

Mathilde n'avait point échappé à la funeste influence de cette idée. Quelque esprit qu'on ait, l'on n'est pas en garde à dix ans contre les flatteries de tout un couvent, et aussi bien fondées en apparence.

Du moment qu'elle eut décidé qu'elle aimait Julien, elle ne s'ennuya plus. Tous les jours elle se félicitait du parti qu'elle avait pris de se donner une grande passion. Cet amusement a bien des dangers, pensait-elle. Tant mieux! mille fois tant mieux!

Sans grande passion, j'étais languissante d'ennui au plus beau moment de la vie, de seize ans jusqu'à vingt. J'ai déjà perdu mes plus belles années; obligée pour tout plaisir à entendre déraisonner les amies de ma mère, qui, à Coblentz en 1792, n'étaient pas tout à fait, dit-on, aussi sévères que leurs paroles d'aujourd'hui.

C'était pendant que ces grandes incertitudes agitaient Mathilde, que Julien ne comprenait pas ses longs regards qui s'arrêtaient sur lui. Il trouvait bien un redoublement de froideur dans les manières du comte Norbert, et un nouvel accès de hauteur dans celles de MM. de Caylus, de Luz et de Croisenois. Il y était accoutumé. Ce malheur lui arrivait quelquefois à la suite d'une soirée où il avait brillé plus qu'il ne convenait à sa position. Sans l'accueil particulier que lui faisait Mathilde, et la curiosité que tout cet ensemble lui inspirait, il eût évité de suivre au jardin ces brillans jeunes gens à moustaches, lorsque les après-dîners ils y accompagnaient mademoiselle de La Mole.

Oui, il est impossible que je me le dissimule, se disait Julien, mademoiselle de La Mole me regarde d'une façon singulière. Mais même quand ses beaux yeux bleus fixés sur moi sont ouverts avec le plus d'abandon, j'y lis toujours un fond d'examen, de sang-froid et de méchanceté. Est-il possible que ce soit là de l'amour? Quelle différence avec les regards de madame de Rênal!

Une après-dînée, Julien, qui avait suivi M. de La Mole dans son cabinet, revenait rapidement au jardin. Comme il approchait sans précaution du groupe de Mathilde, il surprit quelques mots prononcés très-haut. Elle tourmentait son frère. Julien entendit son nom prononcé distinctement deux fois. Il parut; un silence profond s'établit tout à coup, et l'on fit de vains efforts pour le faire cesser. Mademoiselle de La Mole et son frère étaient trop animés pour trouver un autre sujet de conversation. MM. de Caylus, de Croisenois, de Luz, et un de leurs amis, parurent à Julien d'un froid de glace. Il s'éloigna.

CHAPITRE XLIII

UN COMPLOT

> Des propos décousus, des rencontres par effet du hasard, se transforment en preuves de la dernière évidence aux yeux de l'homme à imagination, s'il a quelque feu dans le cœur.
> Schiller.

XLIII

Le lendemain, il surprit encore Norbert et sa sœur, qui parlaient de lui. A son arrivée, un silence de mort s'établit, comme la veille. Ses soupçons n'eurent plus de bornes. Ces aimables jeunes gens auraient-ils entrepris de se moquer de moi? Il faut avouer que cela est beaucoup plus probable, beaucoup plus naturel qu'une prétendue passion de mademoiselle de La Mole pour un pauvre diable de secrétaire. D'abord, ces gens-là ont-ils des passions? Mystifier est leur fort.

Ils sont jaloux de ma pauvre petite supériorité de paroles. Être jaloux, est encore un de leurs faibles. Tout s'explique dans ce système. Mademoiselle de La Mole veut me persuader qu'elle me distingue, tout simplement pour me donner en spectacle à son prétendu.

Ce cruel soupçon changea toute la position morale de Julien. Cette idée trouva dans son cœur un commencement d'amour qu'elle n'eut pas de peine à détruire. Cet amour n'était fondé que sur la rare beauté de Mathilde, ou plutôt sur ses façons de reine et sa toilette admirable. En cela Julien était encore un parvenu. Une jolie femme du grand monde est, à ce qu'on assure, ce qui étonne le plus un paysan homme d'esprit, quand il arrive aux premières classes de la société. Ce n'était point le caractère de Mathilde qui faisait rêver Julien les jours précédens. Il avait assez de sens pour comprendre qu'il ne connaissait point ce caractère. Tout ce qu'il en voyait pouvait n'être qu'une apparence.

Par exemple, pour tout au monde, Mathilde n'aurait pas manqué la messe un dimanche; presque tous les jours elle y accompagnait sa mère. Si dans le salon de l'hôtel de La Mole quelque imprudent oubliait le lieu où il était, et se permettait l'allusion la plus éloignée à une plaisanterie contre les intérêts vrais ou supposés du trône ou de l'autel, Mathilde devenait à l'instant d'un sérieux de glace. Son regard qui était si piquant, reprenait toute la hauteur impassible d'un vieux portrait de famille.

Mais Julien s'était assuré qu'elle avait toujours dans sa chambre un ou deux des volumes les plus philosophiques de Voltaire. Lui-même volait souvent quelques tomes de la belle édition si magnifiquement reliée. En écartant un peu chaque volume de son voisin, il cachait l'absence de celui qu'il emportait ; mais bientôt il s'aperçut qu'une autre personne lisait Voltaire. Il eut recours à une finesse de séminaire : il plaça quelques petits morceaux de crin sur les volumes qu'il supposait pouvoir intéresser mademoiselle de La Mole. Ils disparaissaient pendant des semaines entières.

M. de La Mole, impatienté contre son libraire, qui lui envoyait tous les *faux Mémoires*, chargea Julien d'acheter toutes les nouveautés un peu piquantes. Mais pour que le venin ne se répandît pas dans la maison, le secrétaire avait l'ordre de déposer ces livres dans une petite bibliothèque, placée dans la chambre même du marquis. Il eut bientôt la certitude que pour peu que ces livres nouveaux fussent hostiles aux intérêts du trône et de l'autel, ils ne tardaient pas à disparaître. Certes ce n'était pas Norbert qui lisait.

Julien, s'exagérant cette expérience, croyait à

mademoiselle de La Mole la duplicité de Machiavel. Cette scélératesse prétendue était un charme à ses yeux, presque l'unique charme moral qu'elle eût. L'ennui de l'hypocrisie et des propos de vertu le jetait dans cet excès.

Il excitait son imagination plus qu'il n'était entraîné par son amour.

C'était après s'être perdu en rêveries sur l'élégance de la taille de mademoiselle de La Mole, sur l'excellent goût de sa toilette, sur la blancheur de sa main, sur la beauté de son bras, sur la *disinvoltura* de tous ses mouvemens, qu'il se trouvait amoureux. Alors, pour achever le charme, il la croyait une Catherine de Médicis. Rien n'était trop profond ou trop scélérat pour le caractère qu'il lui prêtait. C'était l'idéal des Maslon, des Frilair et des Castanède par lui admirés dans sa jeunesse. C'était en un mot pour lui l'idéal de Paris.

Y eut-il jamais rien de plus plaisant que de croire de la profondeur ou de la scélératesse au caractère parisien?

Il est possible que ce *trio* se moque de moi, pensait Julien. On connaît bien peu son caractère, si l'on ne voit pas déjà l'expression sombre et froide que prirent ses regards en répondant à ceux de Mathilde. Une ironie amère repoussa les assurances d'amitié que mademoiselle de La Mole étonnée osa hasarder deux ou trois fois.

Piqué par cette bizarrerie soudaine, le cœur de cette jeune fille naturellement froid, ennuyé, sensible à l'esprit, devint aussi passionné qu'il était dans sa nature de l'être. Mais il y avait aussi beaucoup d'orgueil dans le caractère de Mathilde, et la naissance d'un sentiment qui faisait dépendre d'un autre tout son bonheur fut accompagnée d'une sombre tristesse.

Julien avait déjà assez profité depuis son arrivée à Paris, pour distinguer que ce n'était pas là la tristesse sèche de l'ennui. Au lieu d'être avide comme autrefois de soirées, de spectacles et de distractions de tous genres, elle les fuyait.

La musique chantée par des Français, ennuyait Mathilde à la mort, et cependant Julien, qui se faisait un devoir d'assister à la sortie de l'Opéra, remarqua qu'elle s'y faisait mener le plus souvent qu'elle pouvait. Il crut distinguer qu'elle avait perdu un peu de la mesure parfaite qui brillait dans toutes ses actions. Elle répondait quelquefois à ses amis par des plaisanteries outrageantes à force de piquante énergie. Il lui sembla qu'elle prenait en guignon le marquis de Croisenois. Il faut que ce jeune homme aime furieusement l'argent, pour ne pas planter là cette fille si riche qu'elle soit! pensait Julien. Et pour lui, indigné des outrages faits à la dignité masculine, il redoublait de froideur envers elle. Souvent il alla jusqu'aux réponses peu polies.

Quelque résolu qu'il fût à ne pas être dupe des marques d'intérêt de Mathilde, elles étaient si évidentes de certains jours, et Julien, dont les yeux commençaient à se dessiller, la trouvait si jolie, qu'il en était quelquefois embarrassé.

L'adresse et la longanimité de ces jeunes gens du grand monde finiraient par triompher de mon peu d'expérience, se dit-il; il faut partir et mettre un terme à tout ceci. Le marquis venait de lui confier l'administration d'une quantité de petites terres et de maisons qu'il possédait dans le Bas-Languedoc. Un voyage était nécessaire : M. de La Mole y consentit avec peine. Excepté pour les matières de haute ambition, Julien était devenu un autre lui-même.

Au bout du compte, ils ne m'ont point attrapé, se disait Julien, en préparant son départ. Que les plaisanteries que mademoiselle de La Mole fait à ces messieurs, soient réelles ou seulement destinées à m'inspirer de la confiance, je m'en suis amusé.

S'il n'y a pas conspiration contre le fils du charpentier, mademoiselle de La Mole est inexplicable, mais elle l'est pour le marquis de Croisenois du moins autant que pour moi. Hier, par exemple, son humeur était bien réelle, et j'ai eu le plaisir de faire bouquer par ma faveur un jeune homme aussi noble et aussi riche que je suis gueux et plébéien. Voilà le plus beau de mes triomphes; il m'égaiera dans ma chaise de poste, en courant les plaines du Languedoc.

Il avait fait de son départ un secret, mais Mathilde savait mieux que lui qu'il allait quitter Paris le lendemain, et pour longtemps. Elle eut recours à un mal de tête fou, qu'augmentait l'air étouffé du salon. Elle se promena beaucoup dans le jardin, et poursuivit tellement de ses plaisanteries mordantes Norbert, le marquis de Croisenois, Caylus, de Luz et quelques autres jeunes gens qui avaient dîné à l'hôtel de La Mole, qu'elle les força de partir. Elle regardait Julien d'une façon étrange.

Ce regard est peut-être une comédie, pensa Julien, mais cette respiration pressée, mais tout ce trouble! Bah! se dit-il, qui suis-je pour juger de toutes ces choses? Il s'agit ici de ce qu'il y a de plus sublime et de plus fin parmi les femmes de Paris. Cette respiration pressée qui a été sur le point de me toucher, elle l'aura étudiée chez Léontine Fay, qu'elle aime tant.

Ils étaient restés seuls; la conversation languissait évidemment. Non! Julien ne sent rien pour moi, se disait Mathilde vraiment malheureuse.

Comme il prenait congé d'elle, elle lui serra le bras avec force :

— Vous recevrez ce soir une lettre de moi, lui dit-elle d'une voix tellement altérée, que le son n'en était pas reconnaissable.

Cette circonstance toucha sur-le-champ Julien.

— Mon père, continua-t-elle, a une juste estime pour les services que vous lui rendez. *Il faut* ne pas partir demain; trouvez un prétexte. Et elle s'éloigna en courant.

Sa taille était charmante. Il était impossible d'avoir un plus joli pied, elle courait avec une grâce qui ravit Julien; mais devinerait-on à quoi fut sa seconde pensée après qu'elle eut tout à fait disparu? Il fut offensé du ton impératif avec lequel elle avait dit ce mot *il faut*. Louis XV aussi, au moment de mourir, fut vivement piqué du mot *il faut*, maladroitement employé par son premier médecin, et Louis XV pourtant n'était pas un parvenu.

Une heure après, un laquais remit une lettre à Julien; c'était tout simplement une déclaration d'amour.

Il n'y a pas trop d'affectation dans le style, se dit Julien, cherchant par ses remarques littéraires à contenir la joie qui contractait ses joues et le forçait à rire malgré lui.

Enfin moi, s'écria-t-il tout à coup, la passion étant trop forte pour être contenue, moi, pauvre paysan, j'ai donc une déclaration d'amour d'une grande dame!

Quant à moi, ce n'est pas mal, ajouta-t-il en comprimant sa joie le plus possible. J'ai su conserver la dignité de mon caractère. Je n'ai point dit que j'aimais. Il se mit à étudier la forme des caractères; mademoiselle de La Mole avait une jolie petite écriture anglaise. Il avait besoin d'une occupation physique pour se distraire d'une joie qui allait jusqu'au délire.

« Votre départ m'oblige à parler..... Il serait « au-dessus de mes forces de ne plus vous voir... »

Une pensée vint frapper Julien comme une découverte, interrompre l'examen qu'il faisait de la lettre de Mathilde, et redoubler sa joie. Je l'emporte sur le marquis de Croisenois, s'écria-t-il, moi, qui ne dis que des choses sérieuses ! Et lui est si joli ! il a des moustaches, un charmant uniforme ; il trouve toujours à dire, juste au moment convenable, un mot spirituel et fin.

Julien eut un instant délicieux ; il errait à l'aventure dans le jardin, fou de bonheur.

Plus tard il monta à son bureau, et il se fit annoncer chez le marquis de La Mole, qui heureusement n'était pas sorti. Il lui prouva facilement, en lui montrant quelques papiers marqués arrivés de Normandie, que le soin des procès normands l'obligeait à différer son départ pour le Languedoc.

— Je suis bien aise que vous ne partiez pas, lui dit le marquis, quand ils eurent fini de parler d'affaires, *j'aime à vous voir*. Julien sortit ; ce mot le gênait.

Et moi, je vais séduire sa fille ! rendre impossible peut-être ce mariage avec le marquis de Croisenois, qui fait le charme de son avenir : s'il n'est pas duc, du moins sa fille aura un tabouret. Julien eut l'idée de partir pour le Languedoc malgré la lettre de Mathilde, malgré l'explication donnée au marquis. Cet éclair de vertu disparut bien vite.

Que je suis bon, se dit-il, moi plébéien, avoir pitié d'une famille de ce rang ! Moi que le duc de Chaulnes appelle un domestique ! Comment le marquis augmente-t-il son immense fortune ? En vendant de la rente, quand il apprend au Château qu'il y aura le lendemain apparence de coup d'État. Et moi, jeté au dernier rang par une providence marâtre, moi à qui elle a donné un cœur noble et pas mille francs de rente, c'est-à-dire pas de pain, *exactement parlant, pas de pain;* moi refuser un plaisir qui s'offre ! Une source limpide qui vient étancher ma soif dans le désert brûlant de la médiocrité que je traverse si péniblement ! Ma foi, pas si bête ; chacun pour soi dans ce désert d'égoïsme qu'on appelle la vie.

Et il se rappela quelques regards remplis de dédain, à lui adressés par madame de La Mole, et surtout par les *dames* ses amies.

Le plaisir de triompher du marquis de Croisenois vint achever la déroute de ce souvenir de vertu.

Que je voudrais qu'il se fâchât! dit Julien; avec quelle assurance je lui donnerais maintenant un coup d'épée. Et il faisait le geste du coup de seconde. Avant ceci j'étais un cuistre, abusant bassement d'un peu de courage. Après cette lettre, je suis son égal.

Oui, se disait-il avec une volupté infinie et en parlant lentement, nos mérites au marquis et à moi ont été pesés, et le pauvre charpentier du Jura l'emporte.

Bon! s'écria-t-il, voilà la signature de ma réponse trouvée. N'allez pas vous figurer, mademoiselle de La Mole, que j'oublie mon état. Je vous ferai comprendre et bien sentir que c'est pour le fils d'un charpentier que vous trahissez un descendant du fameux Guy de Croisenois, qui suivit saint Louis à la croisade.

Julien ne pouvait contenir sa joie. Il fut obligé de descendre au jardin. Sa chambre, où il s'était enfermé à clef, lui semblait trop étroite pour y respirer.

Moi, pauvre paysan du Jura, se répétait-il sans cesse, moi condamné à porter toujours ce triste habit noir! Hélas! vingt ans plus tôt, j'aurais porté l'uniforme comme eux! Alors un homme comme moi était tué ou *général à trente-six ans*. Cette lettre, qu'il tenait serrée dans sa main, lui donnait la taille et l'attitude d'un héros. Maintenant, il est vrai, avec cet habit noir, à quarante ans, on a cent mille francs d'appointemens et le cordon bleu, comme M. l'évêque de Beauvais.

Eh bien! se dit-il en riant comme Méphistophélès, j'ai plus d'esprit qu'eux; je sais choisir l'uniforme de mon siècle. Et il sentit redoubler son ambition et son attachement à l'habit ecclésiastique. Que de cardinaux nés plus bas que moi, et qui ont gouverné! mon compatriote Granvelle, par exemple.

Peu à peu l'agitation de Julien se calma; la prudence surnagea. Il se dit, comme son maître Tartufe, dont il savait le rôle par cœur :

Je puis croire ces mots un artifice honnête.
. . . .
Je ne me fîrai point à des propos si doux,
Qu'un peu de ses faveurs, après quoi je soupire,
Ne vienne m'assurer tout ce qu'ils m'ont pu dire.
Tartufe, acte IV, scène V.

Tartufe aussi fut perdu par une femme, et il en valait bien un autre..... Ma réponse peut être montrée..... à quoi nous trouvons ce remède, ajouta-t-il, en prononçant lentement et avec l'accent de la férocité qui se contient, nous la commençons par les phrases les plus vives de la lettre de la sublime Mathilde.

Oui, mais quatre laquais de M. de Croisenois se précipitent sur moi et m'arrachent l'original.

Non, car je suis bien armé, et j'ai l'habitude, comme on sait, de faire feu sur les laquais.

Eh bien! l'un d'eux a du courage; il se précipite sur moi. On lui a promis cent napoléons. Je le tue ou je le blesse; à la bonne heure, c'est ce qu'on demande. On me jette en prison fort légalement; je parais en police correctionnelle, et l'on m'envoie avec toute justice et équité de la part des juges, tenir compagnie dans Poissy à MM. Fontan et Magalon. Là, je couche avec quatre cents gueux pêle-mêle..... Et j'aurais quelque pitié de ces gens-là! s'écria-t-il en se levant impétueusement. En ont-ils pour les gens du tiers-état, quand ils les tiennent? Ce mot fut le dernier soupir de sa reconnaissance pour M. de La Mole, qui, malgré lui, le tourmentait jusque-là.

Doucement, messieurs les gentilshommes, je comprends ce petit trait de machiavélisme; l'abbé Maslon ou M. Castanède du séminaire n'auraient pas mieux fait. Vous m'enlèverez la lettre *provocatrice*, et je serai le second tome du colonel Caron à Colmar.

Un instant, messieurs, je vais envoyer la lettre fatale en dépôt dans un papier bien cacheté à M. l'abbé Pirard. Celui-là est honnête homme janséniste, et en cette qualité à l'abri des séductions du budget. Oui, mais il ouvre les lettres..... c'est à Fouqué que j'enverrai celle-ci.

Il faut en convenir, le regard de Julien était atroce, sa physionomie hideuse; elle respirait le crime sans alliage. C'était l'homme malheureux en guerre avec toute la société.

Aux armes! s'écria Julien. Et il franchit d'un saut les marches du perron de l'hôtel. Il entra dans l'échoppe de l'écrivain du coin de la rue; il lui fit peur. — Copiez, lui dit-il en lui donnant la lettre de mademoiselle de La Mole.

Pendant que l'écrivain travaillait, il écrivit lui-même à Fouqué; il le priait de lui conserver un dépôt précieux. Mais, se dit-il en s'interrompant, le cabinet noir à la poste ouvrira ma lettre et vous rendra celle que vous cherchez..... non, messieurs. Il alla chercher une énorme bible chez un libraire protestant, cacha fort adroitement la lettre de Mathilde dans la couverture, fit emballer le tout, et son paquet partit par la diligence, adressé à un des ouvriers de Fouqué, dont personne à Paris ne savait le nom.

Cela fait, il rentra joyeux et leste à l'hôtel de La Mole. *A nous!* maintenant, s'écria-t-il, en s'enfe ant à clef dans sa chambre, et jetant son habit

« Quoi! mademoiselle, écrivait-il à Mathilde,
« c'est mademoiselle de La Mole qui, par les
« mains d'Arsène, laquais de son père, fait re-
« mettre une lettre trop séduisante à un pauvre

« charpentier du Jura, sans doute pour se jouer
« de sa simplicité..... » Et il transcrivait les
phrases les plus claires de la lettre qu'il venait de
recevoir.

La sienne eût fait honneur à la prudence diplomatique de M. le chevalier de Beauvoisis. Il n'était encore que dix heures ; Julien, ivre de bonheur et du sentiment de sa puissance, si nouveau pour un pauvre diable, entra à l'Opéra italien. Il entendit chanter son ami Geronimo. Jamais la musique ne l'avait exalté à ce point. Il était un Dieu[1].

1. Esprit per. pré. gui. II A. 30.

CHAPITRE XLIV

PENSÉES D'UNE JEUNE FILLE

> Que de perplexités ! Que de nuits passées sans sommeil ! Grand Dieu ! vais-je me rendre méprisable ? Il me méprisera lui-même. Mais il part, il s'éloigne.
> ALFRED DE MUSSET.

XLIV

Ce n'était point sans combats que Mathilde avait écrit. Quel qu'eût été le commencement de son intérêt pour Julien, bientôt il domina l'orgueil qui, depuis qu'elle se connaissait, régnait seul dans son cœur. Cette âme haute et froide était emportée pour la première fois par un sentiment passionné. Mais s'il dominait l'orgueil, il était encore fidèle aux habitudes de l'orgueil. Deux mois de combats et de sensations nouvelles renouvelèrent pour ainsi dire tout son être moral.

Mathilde croyait voir le bonheur. Cette vue toute-puissante sur les âmes courageuses, liée à un esprit supérieur, eut à lutter longuement contre la dignité et tous les sentimens de devoirs vulgaires. Un jour, elle entra chez sa mère, dès sept heures du matin, la priant de lui permettre de se réfugier à Villequier. La marquise ne daigna pas même lui répondre, et lui conseilla d'aller se remettre au lit. Ce fut le dernier effort de la sagesse vulgaire et de la déférence aux idées reçues.

La crainte de mal faire et de heurter les idées tenues pour sacrées par les Caylus, les de Luz, les Croisenois, avait assez peu d'empire sur son âme; de tels êtres ne lui semblaient pas faits pour la comprendre; elle les eût consultés s'il eût été question d'acheter une calèche ou une terre. Sa véritable terreur était que Julien ne fût mécontent d'elle.

Peut-être aussi n'a-t-il que les apparences d'un homme supérieur?

Elle abhorrait le manque de caractère, c'était sa seule objection contre les beaux jeunes gens qui l'entouraient. Plus ils plaisantaient avec grâce tout ce qui s'écarte de la mode, ou la suit mal croyant la suivre, plus ils se perdaient à ses yeux.

Ils étaient braves, et voilà tout. Et encore, comment braves? se disait-elle, en duel. Mais le duel n'est plus qu'une cérémonie. Tout en est su d'avance, même ce que l'on doit dire en tombant. Étendu sur le gazon, et la main sur le cœur, il faut un pardon généreux pour l'adversaire, et un mot pour une belle souvent imaginaire, ou bien qui va au bal le jour de votre mort, de peur d'exciter les soupçons.

On brave le danger à la tête d'un escadron tout brillant d'acier, mais le danger solitaire, singulier, imprévu, vraiment laid?

Hélas! se disait Mathilde, c'était à la cour de Henri III que l'on trouvait des hommes grands par le caractère comme par la naissance! Ah! si Julien avait servi à Jarnac ou à Moncontour, je n'aurais plus de doute. En ces temps de vigueur et de force, les Français n'étaient pas des poupées. Le jour de la bataille était presque celui des moindres perplexités.

Leur vie n'était pas emprisonnée comme une momie d'Égypte, sous une enveloppe toujours commune à tous, toujours la même. Oui, ajoutait-elle, il y avait plus de vrai courage à se retirer seul à onze heures du soir, en sortant de l'hôtel de Soissons, habité par Catherine de Médicis, qu'aujourd'hui à Alger. La vie d'un homme était une suite de hasards. Maintenant la civilisation a chassé le hasard, plus d'imprévu. S'il paraît dans les idées, il n'est pas assez d'épigrammes pour lui; s'il paraît dans les événemens, aucune lâcheté n'est au-dessus de notre peur. Quelque folie que nous fasse faire la peur, elle est excusée. Siècle dégénéré et ennuyeux! qu'aurait dit Boniface de La Mole, si levant hors de la tombe sa tête coupée, il eût vu en 1793 dix-sept de ses descendans se laisser prendre comme des moutons, pour être guillotinés deux jours après? La mort était certaine, mais il eût été de mauvais ton de se défendre et de tuer au moins un jacobin ou deux. Ah! dans les temps héroïques de la France, au siècle de Boniface de La Mole, Julien eût été le chef d'escadron, et mon frère le jeune prêtre aux mœurs convenables, avec la sagesse dans les yeux et la raison à la bouche.

Quelques mois auparavant, Mathilde désespérait de rencontrer un être un peu différent du patron commun. Elle avait trouvé quelque bonheur en se permettant d'écrire à quelques jeunes gens de la société. Cette hardiesse si inconvenante, si imprudente chez une jeune fille, pouvait la déshonorer aux yeux de M. de Croisenois, du duc de Chaulnes son père, et de tout l'hôtel de Chaulnes, qui, voyant se rompre le mariage projeté, aurait voulu savoir pourquoi. En ce temps-là, les jours où elle avait écrit une de ces lettres, Mathilde ne pouvait dormir. Mais ces lettres n'étaient que des réponses.

Ici elle osait dire qu'elle aimait. Elle écrivait *la première* (quel mot terrible!) à un homme placé dans les derniers rangs de la société.

Cette circonstance assurait, en cas de découverte, un déshonneur éternel. Laquelle des femmes venant chez sa mère, eût osé prendre son parti? Quelle phrase eût-on pu leur donner à répéter pour amortir le coup de l'affreux mépris des salons?

Et encore parler était affreux, mais écrire! *Il est des choses qu'on n'écrit pas,* s'écriait Napoléon apprenant la capitulation de Baylen. Et c'était Julien qui lui avait conté ce mot! comme lui faisant d'avance une leçon.

Mais tout cela n'était rien encore, l'angoisse de Mathilde avait d'autres causes. Oubliant l'effet horrible sur la société, la tache ineffaçable et toute pleine de mépris, car elle outrageait sa caste, Mathilde allait écrire à un être d'une bien autre nature que les Croisenois, les de Luz, les Caylus.

La profondeur, l'*inconnu* du caractère de Julien, eussent effrayé, même en nouant avec lui une relation ordinaire. Et elle en allait faire son amant, peut-être son maître!

Quelles ne seront pas ses prétentions, si jamais il peut tout sur moi? Eh bien! je me dirai comme Médée : *Au milieu de tant de périls il me reste* Moi.

Julien n'avait nulle vénération pour la noblesse du sang, croyait-elle. Bien plus, peut-être il n'avait nul amour pour elle!

Dans ces derniers momens de doutes affreux, se présentèrent les idées d'orgueil féminin. Tout doit être singulier dans le sort d'une fille comme moi! s'écria Mathilde impatientée. Alors l'orgueil qu'on lui avait inspiré dès le berceau, se battait contre la vertu. Ce fut dans cet instant que le départ de Julien vint tout précipiter.

(De tels caractères sont heureusement fort rares.)

Le soir, fort tard, Julien eut la malice de faire descendre une malle très-pesante chez le portier; il appela pour la transporter le valet de pied qui faisait la cour à la femme de chambre de mademoiselle de La Mole. Cette manœuvre peut n'avoir aucun résultat, se dit-il, mais, si elle réussit, elle me croit parti. Il s'endormit fort gai sur cette plaisanterie. Mathilde ne ferma pas l'œil.

Le lendemain, de fort grand matin, Julien sortit de l'hôtel sans être aperçu, mais il rentra avant huit heures.

A peine était-il dans la bibliothèque, que mademoiselle de La Mole parut sur la porte. Il lui remit sa réponse. Il pensait qu'il était de son devoir de lui parler; rien n'était plus commode, du moins, mais mademoiselle de La Mole ne voulut pas l'écouter et disparut. Julien en fut charmé, il ne savait que lui dire.

Si tout ceci n'est pas un jeu convenu avec le comte Norbert, il est clair que ce sont mes regards pleins de froideur qui ont allumé l'amour baroque que cette fille de si haute naissance s'avise d'avoir pour moi. Je serais un peu plus sot qu'il ne convient, si jamais je me laissais entraîner à avoir du goût pour cette grande poupée blonde. Ce raisonnement le laissa plus froid et plus calculant qu'il n'avait jamais été.

Dans la bataille qui se prépare, ajouta-t-il, l'orgueil de la naissance sera comme une colline élevée, formant position militaire entre elle et moi. C'est là-dessus qu'il faut manœuvrer. J'ai fort mal fait de rester à Paris; cette remise de mon départ m'avilit et m'expose, si tout ceci n'est qu'un jeu. Quel danger y avait-il à partir? Je me moquais d'eux s'ils se moquent de moi. Si son intérêt pour moi a quelque réalité, je centuplais cet intérêt.

La lettre de mademoiselle de La Mole avait donné à Julien une jouissance de vanité si vive, que, tout en riant de ce qui lui arrivait, il avait oublié de songer sérieusement à la convenance du départ.

C'était une fatalité de son caractère d'être extrêmement sensible à ses fautes. Il était fort contrarié de celle-ci, et ne songeait presque plus à la victoire incroyable qui avait précédé ce petit échec, lorsque, vers les neuf heures, mademoiselle de La Mole parut sur le seuil de la bibliothèque, lui jeta une lettre, et s'enfuit.

Il paraît que ceci va être le roman par lettres, dit-il en relevant celle-ci. L'ennemi fait un faux mouvement, moi je vais faire donner la froideur et la vertu.

On lui demandait une réponse décisive avec une hauteur qui augmenta sa gaîté intérieure. Il se donna le plaisir de mystifier, pendant deux pages, les personnes qui voudraient se moquer de lui, et ce fut encore par une plaisanterie qu'il annonça vers la fin de sa réponse son départ décidé pour le lendemain matin.

Cette lettre terminée : Le jardin va me servir pour la remettre, pensa-t-il, et il y alla. Il regardait la fenêtre de la chambre de mademoiselle de La Mole.

Elle était au premier étage, à côté de l'appartement de sa mère, mais il y avait un grand entresol.

Ce premier était tellement élevé, qu'en se promenant sous l'allée de tilleuls, sa lettre à la main, Julien ne pouvait être aperçu de la fenêtre de mademoiselle de La Mole. La voûte formée par les tilleuls, fort bien taillés, interceptait la vue. Mais quoi! se dit Julien avec humeur, encore une imprudence! Si l'on a entrepris de se moquer de moi, me faire voir une lettre à la main, c'est servir mes ennemis.

La chambre de Norbert était précisément au-dessus de celle de sa sœur, et si Julien sortait de la voûte formée par les branches taillées des tilleuls, le comte et ses amis pouvaient suivre tous ses mouvemens.

Mademoiselle de La Mole parut derrière sa vitre; il montra sa lettre à demi; elle baissa la tête. Aussitôt Julien remonta chez lui en courant, et rencontra par hasard, dans le grand escalier, la belle Mathilde, qui saisit sa lettre avec une aisance parfaite et des yeux rians.

Que de passion il y avait dans les yeux de cette pauvre madame de Rênal, se dit Julien, quand, même après six mois de relations intimes, elle osait recevoir une lettre de moi! De sa vie, je crois, elle ne m'a regardé avec des yeux rians.

Il ne s'exprima pas aussi nettement le reste de sa réponse; avait-il honte de la futilité des motifs? Mais aussi quelle différence, ajoutait sa pensée, dans l'élégance de la robe du matin, dans l'élégance de la tournure! En apercevant mademoiselle de La Mole à trente pas de distance, un homme de goût devinerait le rang qu'elle occupe dans la société. Voilà ce qu'on peut appeler un mérite explicite.

Tout en plaisantant, Julien ne s'avouait pas encore toute sa pensée; madame de Rênal n'avait pas de marquis de Croisenois à lui sacrifier. Il n'avait pour rival que cet ignoble sous-préfet M. Charcot, qui se faisait appeler de Maugiron, parce qu'il n'y a plus de Maugirons.

A cinq heures, Julien reçut une troisième lettre; elle fut lancée de la porte de la bibliothèque. Mademoiselle de La Mole s'enfuit encore. Quelle manie d'écrire! se dit-il en riant, quand on peut se parler si commodément! L'ennemi veut avoir de mes lettres, c'est clair, et plusieurs! Il ne se hâtait point d'ouvrir celle-ci. Encore des phrases élégantes, pensait-il; mais il pâlit en lisant. Il n'y avait que huit lignes :

« J'ai besoin de vous parler; il faut que je
« vous parle, ce soir; au moment où une heure
« après minuit sonnera, trouvez-vous dans le
« jardin. Prenez la grande échelle du jardinier
« auprès du puits; placez-la contre ma fenêtre
« et montez chez moi. Il fait clair de lune; n'im-
« porte. »

FIN DU DEUXIÈME VOLUME

TABLE DES CHAPITRES

DU DEUXIÈME VOLUME

Chapitre	XXIV	Une capitale . . . . Page	1
—	XXV	Le séminaire.	15
—	XXVI	Le monde, ou ce qui manque au riche.	29
—	XXVII	Première expérience de la vie.	47
—	XXVIII	Une procession.	55
—	XXIX	Le premier avancement.	69
—	XXX	Un ambitieux	97
—	XXXI	Les plaisirs de la campagne.	127
—	XXXII	Entrée dans le monde.	147
—	XXXIII	Les premiers pas.	163
—	XXXIV	L'hôtel de La Mole	171
—	XXXV	La sensibilité et une grande dame dévote.	193
—	XXXVI	Manière de prononcer.	201
—	XXXVII	Une attaque de goutte.	215
—	XXXVIII	Quelle est la décoration qui distingue ? .	231
—	XXXIX	Le bal	251

TABLE DES CHAPITRES

Chapitre	XL	La reine Marguerite.	Page	269
—	XLI	L'empire d'une jeune fille.		285
—	XLII	Serait-ce un Danton?		295
—	XLIII	Un complot		307
—	XLIV	Pensées d'une jeune fille.		325

FIN DE LA TABLE DU DEUXIÈME VOLUME

9934. — Imprimerie A. Lahure, rue de Fleurus, 9, à Paris.

EN VENTE

1 FRONTISPICE ET 8 VIGNETTES

Dessinés par S. Arcos, gravés par A. Nargeot, pour illustrer
Carmen de Prosper Mérimée

Avant la lettre : 25 francs. — Avec la lettre : 12 francs.

MARIE OU LE MOUCHOIR BLEU

Par Étienne BÉQUET

NOTICE LITTÉRAIRE PAR ADOLPHE RACOT

6 dessins de Sta gravés par Anot
1 vol. in-18 carré tiré à 1200 exemplaires numérotés
200 en papier vélin. Prix : 12 fr. — 1000 en papier vergé. Prix : 8 fr.

EN PRÉPARATION :

LES ILLUSTRATIONS DE G. TOUDOUZE

Gravées par Champollion pour notre édition de *Mademoiselle de Maupin*
La première livraison paraîtra en novembre et la deuxième en janvier

---

EN SOUSCRIPTION :

LE VIOLON DE FAIENCE

PAR CHAMPFLEURY

Avant-propos de l'Auteur

34 EAUX-FORTES DE JULES ADELINE

1 vol. in-8° écu imprimé par A. Lahure

DÉTAIL DU TIRAGE ET PRIX

N°s 1 à 25 — 25 exemplaires sur Japon. — 3 états (eau-forte pure ; avant et avec la lettre). . . . . 150 fr.
26 à 75 — 50 exempl. sur Japon. — 2 états (avant et avec la lettre) 100 fr.
76 à 150 — 75 — — 1 — 60 fr.
151 à 500 — 350 — sur papier vélin du Marais, à la forme et teinté, fabriqué spécialement pour cette édition. . . . . 35 fr.

EN PRÉPARATION :

Fromont jeune et Risler aîné, d'Alp. Daudet. 2 vol. petit in-8 illustrés par E. Bayard.
Nouveaux contes à Ninon, d'Émile Zola. 2 v. petit in-8 illustrés par Rudaux.
Nouvelles et Contes, d'Alfred de Musset. 1 vol. in-8 illustré par François Flameng.

11557. — Imprimerie A. Lahure, rue de Fleurus, 9, à Paris.

www.ingramcontent.com/pod-product-compliance
Lightning Source LLC
Chambersburg PA
CBHW060452170426
43199CB00011B/1178